Vegetarisch kochen

Die besten Rezepte

Compact Verlag

Abkürzungen im Rezeptteil

EL	Esslöffel	TL	Teelöffel
kg	Kilogramm	kcal	Kilokalorien
g	Gramm	kJ	Kilojoule
mg	Milligramm	EW	Eiweiß
l	Liter	F	Fett
ml	Milliliter	KH	Kohlenhydrate
cl	Zentiliter	Bd.	Bund
TK	Tiefkühl ...	Msp.	Messerspitze

Die Rezepte sind, soweit nicht anders angegeben, für 4 Personen.
Die Nährwert- und Energieangaben sind jeweils für 1 Stück bzw. 1 Person berechnet.

Einleitungstext: Dipl.-Oecotroph. Nicole Rothmann
Chefredaktion: Dr. Angela Sendlinger
Redaktion: Dipl.-Oecotroph. Nicole Walter
Produktion: Wolfram Friedrich
Umschlaggestaltung: Axel Ganguin

ISBN-13: 978-3-8174-5977-3
ISBN-10: 3-8174-5977-7
5359771

Besuchen Sie uns im Internet: www.compactverlag.de

Inhalt

Einleitung

Rezepte

Die Geschichte des vegetarischen Essens

Der Vegetarismus geht zurück auf eine Lebens- und Ernährungsweise, die der griechische Philosoph und Mathematiker Pythagoras von Samos (ca. 570–500 v. Chr.) entwickelte und selbst lebte. Das Wort »vegetarisch« leitet sich aus der lateinischen Sprache ab. Während im Lateinischen »vegetare« so viel heißt wie »beleben«, hat »vegetus« die Bedeutung »lebendig« oder »belebt«. Pythagoras sah es als belebend für Körper und Geist an, in der Ernährung auf Fleisch zu verzichten und stattdessen pflanzliche Nahrungsmittel wie Getreide, Gemüse und Obst zu bevorzugen. Pythagoras forderte, Tiere zu achten und nicht zu töten, was nicht ausschließt, dass tierische Lebensmittel wie Milch, Eier und Honig in seinem Speiseplan vorkamen. Und so versteht man auch im heutigen Sprachgebrauch unter vegetarischer Ernährung eine fleischlose Kost, die neben pflanzlichen Lebensmitteln Eier und Milch bzw. Milchprodukte wie Käse oder Jogurt enthält. Die Varianten des Vegetarismus sind ebenso vielfältig wie die Gründe, aus denen heraus Menschen auf bestimmte von Tieren stammende Produkte verzichten. So lehnen manche Menschen neben Fleisch auch Milch ab, essen jedoch Eier. Andere haben ihren Fleischverzehr lediglich stark eingeschränkt und essen nur das Fleisch bestimmter Tiere wie zum Beispiel das von Fischen oder das von Tieren aus artgerechter Haltung. Die am weitesten reichende Form des Vegetarismus leben die Veganer. Sie verzichten streng genommen auf sämtliche Produkte, die von toten und lebenden Tieren stammen, sei es Fleisch, Milch, Ei, Honig, Wolle oder Leder.

Fleischlose Küche ist schmackhaft und voller Ideen!

Die meisten von uns haben von klein auf Fleisch als einen bedeutenden Bestandteil der täglichen Kost kennen gelernt. Besonders bei der warmen

Berühmte Vegetarier:

Pythagoras von Samos (Philosoph und Mathematiker, Griechenland, ca. 570–500 v. Chr.)
Leonardo da Vinci (Maler und Naturwissenschaftler, Italien, 1452–1519)
Mahatma Gandhi (Bürgerrechtler, Indien, 1869–1948)
Franz Kafka (Schriftsteller, Österreich, 1883–1924)
Eugen Drewermann (Theologe, Deutschland, *1940)
Paul McCartney (Musiker, Großbritannien, *1942)
Reinhard Mey (Musiker, Deutschland, *1942)
Richard Gere (Schauspieler, USA, *1949)
Nina Hagen (Sängerin, Deutschland, *1955)
Dirk Bach (Schauspieler und Komödiant, Deutschland, *1961)
Nadja Auermann (Model und Schauspielerin, Deutschland, *1971)
Alicia Silverstone (Schauspielerin, USA, *1976)

Hauptmahlzeit des Tages – sei es das Mittag- oder das Abendessen – war Fleisch kaum wegzudenken. Viele sind mit der Überzeugung aufgewachsen, vegetarische Ernährung führe zu einer Unterversorgung mit Eisen, Eiweiß oder anderen Nährstoffen, die unser Körper braucht. Dies stimmt so nicht! Jedoch setzt sich die Erkenntnis, dass vegetarische Kost der Gesundheit zuträglich ist, nur sehr langsam durch. Oftmals fällt es aufgrund der falschen Vorurteile – gerade zu Beginn einer Vegetarier-Karriere – schwer, jeden Tag aufs Neue schmackhafte und vollwertige vegetarische Gerichte zu zaubern.
Die Informationen und Rezepte aus diesem Buch wappnen gegen Einfallslosigkeit und Erklärungsnot. Alle Rezepte kommen ohne Fleisch und Fisch, Speck und Schinken, Wurst und Fleischbrühe aus. Manche sind darüber hinaus frei von Eiern, Milchprodukten und Honig und somit für die vegane Ernährung geeignet. Ganz bewusst wird außerdem auf Fleischersatz wie Tofu-Gulasch oder Soja-Würstchen verzichtet. Dieses Buch zeigt die Vielfalt der vegetarischen Küche, die eine komplett eigenständige ist und tierische Produkte nicht einfach nur ersetzt.

Gemeinsamkeiten von vegetarischer und nichtvegetarischer Ernährung

Der Grundsatz der vegetarischen Ernährung ist klar: Vegetarier essen kein Fleisch und keinen Fisch, sondern nur pflanzliche Lebensmittel und solche tierischen Produkte, für die kein Tier sterben muss, wie z. B. Milch und Eier. Somit lebt die vegetarische Küche von einer Vielfalt an Gemüse und ist reich an Ballaststoffen, um nur einige Merkmale zu nennen. Aber wer hätte gedacht, dass sich – den Empfehlungen der modernen Ernährungswissenschaft zufolge – eine gesunde vegetarische Kostform im Grunde auf die gleichen Pfeiler stützt wie eine Ernährungsweise mit Fleisch? Die oberste Regel lautet bei beiden: Pflanzliche Lebensmittel sollten im Vordergrund stehen!
Gemüse, Salat und Obst sind aufgrund dessen, was in ihnen steckt, so wertvoll für uns, dass wir jeden Tag 5 Portionen davon essen sollten, und zwar am besten 3 Portionen Gemüse oder Salat und 2 Portionen Obst. Eine Portion ist in etwa so viel, wie man bequem in einer Hand halten kann. Für Erwachsene bedeutet das: 600 g Obst und Gemüse täglich sollten das Minimum sein. Mehr schadet natürlich nicht!

Am besten können Gemüse & Co. ihre Wirkung entfalten, wenn sie frisch geerntet sind. Wer sich nicht auf das Angebot beschränken möchte, das auf dem Wochenmarkt und in den Supermärkten gerade erntefrisch angeboten wird, oder wer Gemüse am liebsten fertig geputzt und zerkleinert kauft, ist mit Tiefkühlware gut bedient. Und für die ganz Eiligen gibt's eine gute Nachricht:

Gemüse muss nicht immer gekocht, gedünstet oder anderweitig gegart werden! Probieren Sie Möhren, Kohlrabi, Paprika, Tomaten oder Zucchini ruhig auch mal roh – als Salat, zum Brot oder einfach mal als leckeren Snack zwischendurch. So bleiben die empfindlichen Vitamine am besten erhalten und werden nicht durch Hitze zerstört.

TIPP

Bedienen Sie sich aus einer bunten Palette: grüner Salat, blaue Trauben, weißer Blumenkohl, rote Kirschen, orangefarbene Möhren. Jede Farbe steht für andere Inhaltsstoffe.

Kartoffeln, Reis und Lebensmittel aus Getreide wie Brot, Nudeln oder Müsli sind die Sattmacher Nr. 1. Einerseits enthalten sie Kohlenhydrate, die rasch mit Energie versorgen, und andererseits hält das Sättigungsgefühl lange vor. Deswegen gehören Lebensmittel dieser Gruppe 3-mal pro Tag auf den Teller – für Vegetarier und Fleischesser gleichermaßen.

TIPP

Die wertvollsten Bestandteile von Getreide sitzen in den dunklen Randschichten der Körner. Ziehen Sie daher Vollkornprodukte vor.

Milch und Milchprodukte wie Jogurt, Quark und Käse sind ebenfalls ein wichtiger Bestandteil einer ausgewogenen Ernährung. Allerdings sollten diese tierischen Lebensmittel nur einen kleinen Teil der täglichen Kost ausmachen. Eine Tagesration von beispielsweise einer Scheibe Käse (30 g), zusätzlich einem Becher Jogurt (250 g) und einem Glas Milch (250 ml) reicht schon aus.

TIPP

Bevorzugen Sie Milch und Milchprodukte mit niedrigem Fettgehalt:

- statt Vollmilch besser fettarme Milch
- statt Sahnequark besser Magerquark
- statt Sahnejogurt besser Jogurt aus fettarmer Milch ohne Sahnezusatz
- statt Käse mit mehr als 50 % Fett in der Trockenmasse (i. Tr.) besser Käse mit weniger als 50 % Fett i. Tr.

Mit Eiern und pflanzlichen Ölen sollte sparsam umgegangen werden. Zwar liefern auch sie wertvolle Inhaltsstoffe wie Vitamin D, das besonders im Eigelb steckt, oder ungesättigte Fettsäuren aus Pflanzenölen. Allerdings enthalten sie auch Stoffe, die für Menschen nur in Maßen genossen gesund sind. Bei Eiern ist das zum Beispiel das Cholesterin, bei Ölen die geballte Ladung an Kalorien.

> **TIPP**
> Abwechslung ist gesund. Das gilt auch, wenn es um Pflanzenöle geht. Außerdem hat jedes hochwertige Öl seinen eigenen, unverwechselbaren Geschmack. Haben Sie Mut zum Experimentieren!

Selbstverständlich haben auch Süßigkeiten, Torten oder frittierte Speisen ihren Platz in einer modernen Ernährungsweise. Genießen Sie diese kleinen Sünden ruhig ab und zu!

Wie gesund ist vegetarische Küche?

Es ist unbestritten: Ernährung und Gesundheit hängen unmittelbar zusammen. Essen wir zu viel oder zu fett, werden wir übergewichtig. Essen wir zu wenig oder zu einseitig, fehlen unserem Körper wichtige Bausteine, um leistungsfähig zu bleiben und uns gegen Krankheiten zu schützen. Wer sich vegetarisch ernährt, dessen Chancen auf Gesundheit und Wohlbefinden stehen gut. Denn Forscher fanden heraus, dass Vegetarier im Vergleich zu Nichtvegetariern:

- seltener übergewichtig sind,
- einen niedrigeren Cholesterinspiegel haben,
- weniger zu Bluthochdruck und Arterienverkalkungen neigen,
- seltener an Gicht, Gallensteinen und Nierenleiden erkranken.

Allerdings reicht es nicht, einfach auf Fleisch zu verzichten, um sich gesünder zu ernähren. Denn wer seinen Hunger anstatt mit Fleisch und mit Wurst hauptsächlich mit Süßigkeiten, in Fett Gebackenem oder Lebensmitteln aus Weißmehl stillt, wird die gesundheitlichen (und auch die geschmacklichen!) Vorteile der vegetarischen Küche kaum für sich nutzen können. Gesunde vegetarische Küche ist mehr als der einfache Verzicht auf Fleisch. Sie setzt mit Gemüse und Kräutern, (Vollkorn-)Getreide und Obst, Kartoffeln und Reis auf Lebensmittel, die reichlich Vitalstoffe enthalten: Vitamine, Mineralstoffe, Spurenelemente, Ballaststoffe und andere Substanzen, von denen viele sogar ausschließlich in pflanzlichen Lebensmitteln vorkommen! Ganz nebenbei enthalten Gemüse & Co. wenig Fett und sorgen so für eine schlanke Linie. Ergänzt wird die vegetarische Küche durch Eier, Milch und Milchprodukte. Diese Lebensmittel in Maßen genossen bereichern die Kost sowohl in gesundheitlicher als auch in geschmacklicher Hinsicht.

Aufbau einer ausgewogenen vegetarischen Kost:

zu jeder Mahlzeit:	Gemüse, Salat oder Obst
3–4-mal täglich:	Kartoffeln, Reis oder Lebensmittel aus (Vollkorn-)Getreide wie Brot, Müsli oder Nudeln
1–2-mal täglich:	tierische Lebensmittel wie Milch, Jogurt, Quark und Käse
mäßig:	Eier, wertvolles Öl wie Raps-, Oliven- oder Sojaöl
selten:	Frittiertes, fettreiche Saucen, Butter, Kuchen, Pudding, Süßigkeiten und Chips

Wichtige Nährstoffe für Vegetarier

In jeder Ernährungsweise gibt es Nährstoffe, auf deren ausreichende Aufnahme besonderes Augenmerk zu legen ist, damit der menschliche Körper gesund und leistungsfähig bleibt. So gesund und voll mit wertvollen Inhaltsstoffen pflanzliche Lebensmittel auch sind: Auch bei der vegetarischen Ernährungsweise sollte man über einige Nährstoffe Bescheid wissen, um ausreichend mit ihnen versorgt zu sein. Dazu zählen Eisen, Eiweiß, die Spurenelemente Jod und Zink sowie die Vitamine B_{12} und D. Ein paar einfache Tipps helfen dabei, stets ausreichend mit diesen Nährstoffen versorgt zu sein.

Eisen

Eisen gilt als einer der Nährstoffe, die Vegetarier vermeintlich nur schwer durch ihre Ernährungsweise aufnehmen können. Als Bestandteil der roten Blutkörperchen dient Eisen dazu, Sauerstoff im Blut zu transportieren. Daneben ist es unter anderem auch an der Herstellung neuer Blutkörperchen beteiligt. Ein Eisenmangel kann sich daher in Blutarmut äußern, die mit Konzentrationsstörungen, Leistungsschwäche und Müdigkeit verbunden ist.

Die Top 5 der Eisenlieferanten unter den Getreiden:

Lebensmittel	mg Eisen pro 100 g*
Weizenkleie	6
Quinoa	8
Weizenvollkornmehl	5
Vollkornhaferflocken	4,5
Grünkern	4

Die Top 5 der Eisenlieferanten unter den Gemüsen:

Lebensmittel	mg Eisen pro 100 g*
Ingwer	17
Linsen	8
Spinat	3
Fenchel	2,5
Feldsalat	2

* Der Tagesbedarf beträgt bei Männern 10 mg und bei Frauen 15 mg.

Weit verbreitet ist der Glaube, der Bedarf an Eisen könne nur durch Fleisch zufrieden stellend gedeckt werden, nicht aber durch vegetarische Kost. Dies konnte jedoch bereits vor Jahren widerlegt werden: Studien haben gezeigt, dass Nichtvegetarier genauso häufig von Eisenmangel betroffen sind wie Vegetarier. Warum die Annahme trotzdem noch immer weit verbreitet ist, liegt nahe: Das Eisen, das in Fleisch steckt, kann unser Körper sehr gut verwerten. Das Eisen aus pflanzlichen Lebensmitteln dagegen wird zu einem großen Teil ungenutzt wieder ausgeschieden. Da ist es beruhigend zu wissen, dass die Spitzenreiter unter den Eisenlieferanten neben den tierischen Innereien bei den pflanzlichen Lebensmitteln zu suchen sind – so enthält beispielsweise Weizenkleie 7-mal mehr Eisen als Rinderfilet.

Am besten kombinieren Sie eisenreiches Getreide oder Gemüse stets mit Obst wie Zitrusfrüchten, Kiwis oder Beeren. Zu warmen Gerichten passen oft Paprika, Brokkoli oder Rosenkohl. Diese Lebensmittel enthalten viel Vitamin C, das unserem Körper hilft, Eisen zu verwerten und nicht ungenutzt wieder auszuscheiden. Milch,

Jogurt, Quark, Käse und Sahne dagegen hemmen die Aufnahme von Eisen. Genießen Sie daher eisenreiche Mahlzeiten möglichst oft frei von diesen Lebensmitteln.

Schon gewusst?
Vor allem Frauen sollten auf eine ausreichende Eisenzufuhr achten. Grund ist die Monatsblutung: Zum einen verlieren Frauen durch die Menstruation Eisen, zum anderen wird Eisen für den Ersatz der Blutverluste benötigt.

Vorschläge für die Extraportion Eisen:

- Linsen-Safran-Suppe auf Seite 34
- Marinierter Tofu auf Seite 39
- Couscous-Brokkoli-Auflauf auf Seite 46
- Molke-Müsli mit Äpfeln auf Seite 47

Eiweiß

Eier, Milch, Käse und Jogurt enthalten in der Regel mehr Eiweiß (auch Protein genannt) als pflanzliche Lebensmittel. Zudem hat tierisches Eiweiß eine höhere biologische Wertigkeit als pflanzliches Eiweiß. Das bedeutet, tierisches Eiweiß kann unser Körper besser nutzen, um daraus menschliche Proteine für den eigenen Bedarf herzustellen, z. B. Hormone, Muskelprotein oder Proteine, die im Blutkreislauf zirkulieren.

TIPP
Bei Kombination unterschiedlicher Proteinquellen steigt die biologische Wertigkeit. Sehr günstige Kombinationen sind: Getreide und Hülsenfrüchte (Bohnen, Erbsen, Linsen), Milch und Getreide, Ei und Kartoffeln.

Von links nach rechts: Sojabrot, Sojamilch, Sojabohnen, Tofu

Noch bis in die 80er-Jahre des vergangenen Jahrhunderts hinein war deswegen unter Ernährungswissenschaftlern und Ärzten die Meinung verbreitet, dass mit einer vegetarischen Ernährungsweise der Porteinbedarf von Menschen nicht gedeckt werden kann. Heute wissen wir: Vegetarische Kost – und hier vor allem die pflanzlichen Lebensmittel – sind sogar als äußerst günstig anzusehen, was die Zufuhr von Eiweiß angeht.

Denn in den westlichen Industrieländern nehmen die meisten Menschen zu viel Eiweiß über die Nahrung auf – durchschnittlich beinahe doppelt so viel wie nötig. Verantwortlich dafür ist nicht nur der hohe Fleischkonsum. Auch der mehr als reichliche Verzehr von Eiern, Milch, Jogurt, Quark und anderen Milchprodukten spielt eine Rolle. Eiweiß, das unser Körper nicht benötigt, scheidet er wieder aus, und zwar hauptsächlich in Verbindung mit dem Mineralstoff Kalzium über den Urin. Die Folgen können im Extremfall zum einen Nierensteine sein, zum anderen eine Unterversorgung mit Kalzium, die wiederum zu der Knochenerkrankung Osteoporose führen kann. Forscher diskutieren, dass auch die Entstehung verschiedener anderer Erkrankungen möglicherweise durch eine erhöhte Proteinzufuhr begünstigt wird.

Schon gewusst?
Schwangere und stillende Frauen haben einen erhöhten Bedarf an Eiweiß. Auch bei sehr leistungsorientierten Sportlern kann der Eiweißbedarf unter Umständen höher sein als bei wenig sportlichen Menschen. Mit einer abwechslungsreichen vegetarischen Kost sind erfreulicherweise auch sie bestens versorgt.

Vorschläge für die Extraportion Eiweiß:

- Tofu-Linsen-Pastetchen auf Seite 36
- Eier in Estragon-Senf-Sauce auf Seite 43
- Quarkknödel auf Blattspinat auf Seite 59
- Kartoffel-Kürbis-Quiche auf Seite 62
- Milchnudeln auf Seite 84

Zink

Dieses Spurenelement braucht der menschliche Körper für Wachstum und Heilungsprozesse sowie für seinen Protein- und Kohlenhydratstoffwechsel. In pflanzlichen Lebensmitteln ist Zink nur in geringen Mengen enthalten. Dennoch sind Vegetarier ausreichend mit dem Spurenelement versorgt. Ein Grund hierfür ist, dass der menschliche Organismus sich aktiv vor Zinkmangel schützen kann: Bei geringer Zinkzufuhr wird verhältnismäßig mehr Zink aus der Nahrung aufgenommen. Zusätzlich wird möglichst wenig Zink ausgeschieden.

Erste Anzeichen für eine unzureichende Versorgung mit Zink können trockene, zu Rissen neigende Mundwinkel sein. Auch Haarausfall und Veränderungen an den Finger- und Fußnägeln können auf einen Zinkmangel hindeuten. Zink ist neben Vitamin C eines der besten natürlichen Mittel gegen Erkältungen.

Schon gewusst?
Männer haben einen höheren Zinkbedarf als Frauen, da Zink an der Bildung des männlichen Geschlechtshormons Testosteron beteiligt ist. Auch bei Schwangeren und Stillenden ist der Bedarf erhöht; hier in erster Linie, um die ausreichende Versorgung des (ungeborenen) Kindes zu gewährleisten.

Vorschläge für die Extraportion Zink:

- Herbstliches Gemüse mit feinen Butterklößchen auf Seite 14
- Gemüsebratlinge auf Seite 16
- Frühlingsgemüsegratin in Kräuterzabaione auf Seite 26
- Kartoffelröllchen auf Seite 64
- Kartoffelpizza auf Seite 72

Jod

Viele Menschen nehmen weniger Jod zu sich, als es nach internationalen Empfehlungen ratsam wäre. Da die beste Jodquelle Seefisch ist, ist bei Vegetariern die Versorgung besonders heikel. Gemüse, Milch und

Milchprodukte enthalten auch Jod, jedoch in weitaus geringeren Mengen.

TIPP
Wenn Sie Salz zum Würzen verwenden, dann am besten jodiertes Speisesalz, Jodsalz oder Meersalz nehmen.

Vorschläge für die Extraportion Jod:

- Spinat-Gorgonzola-Taschen auf Seite 24
- Briesoufflee auf Seite 41
- Bulgursalat mit mariniertem Schafskäse auf Seite 60

Vitamine

Pflanzliche Nahrungsmittel sind hervorragende Vitaminlieferanten.

Vitamin B_{12} kommt fast ausschließlich in tierischen Lebensmitteln vor. Grund ist, dass dieses Vitamin von Mikroorganismen hergestellt wird, die in Tieren leben, nicht aber in Pflanzen. Vegetarier sind jedoch durch den Verzehr von Käse, Jogurt und Eiern ausreichend versorgt.

TIPP
Spitzenreiter der pflanzlichen Vitamin-B_{12}-Quellen ist Sauerkraut. Das Vitamin entsteht während der Herstellung durch Milchsäurebakterien.

Müssten wir unseren gesamten Bedarf an **Vitamin D** ausschließlich über die Nahrung decken, würden Vegetarier und Nichtvegetarier gleichermaßen Mangel erleiden. Denn nur wenige Lebensmittel – insbesondere tierische wie Leber, Hering, Makrele und Eigelb – enthalten das Vitamin in nennenswerten Mengen. Zum Glück hat die Natur vorgesorgt: Menschen sind in der Lage, Vitamin D selbst herzustellen, und zwar mit Hilfe des Sonnenlichts.

TIPP
Halten Sie sich nach Möglichkeit jeden Tag mindestens eine halbe Stunde lang im Freien auf – gerade im Winter, wenn die Sonne nur wenig Kraft hat.

Soja – Dauerbrenner in der vegetarischen Küche

Fleischlose Gerichte haben sie in Europa und Nordamerika berühmt gemacht: die Sojabohne. Ursprünglich stammt sie aus China, wo sie seit mehr als 4000 Jahren angebaut wird. Von dort aus verbreitete sie sich über fast ganz Asien und wird seit mehr als 100 Jahren auch bei uns angepflanzt. Die gelben, grünen oder braunen Sojabohnen gehören wie Linsen und Erbsen zu den Hülsenfrüchten. Der essbare Teil von Hülsenfrüchten sind deren Samen. Auch wenn sich diese Ausdrucksweise nicht durchgesetzt hat – genau genommen essen wir Sojasamen. Die Sojabohne hat in der westlichen Welt praktisch keinerlei Bedeutung, die zahlreichen aus ihr hergestellten Produkte dafür umso mehr:
Das bekannteste Sojaerzeugnis ist der **Tofu** (vgl. Abb. S. 9), eine quarkähnliche feste Masse aus geronnener Sojamilch. Unbehandelter Tofu ist hell und geschmacksneutral. Durch Räuchern oder Marinieren kann er in Geschmack und Aussehen vielfältig verändert werden.
Sojamilch (vgl. Abb. S. 9) wird aus gequetschten weißen Sojabohnen und Wasser gekocht.
Das hellgelbe, vollkommen geschmacksneutrale **Sojaöl** ist eine der wichtigsten Zutaten bei der Erzeugung von Margarine. Auch Fertigprodukte wie Majonäse, Remoulade oder Fischkonserven enthalten oft Sojaöl.
Sojasauce entsteht durch Fermentation aus Sojabohnen, Weizen oder Reis, Salz und Wasser. Unter Bezeichnungen wie Shoyu oder Tamari findet sie in der asiatischen Küche Verwendung.

Die für Salate oder asiatische Gerichte sehr beliebten knackig-herben **Sojasprossen** sind nichts anderes als frisch gekeimte Sojasamen.

Nun genug der Geschichte, Grundlagen und Ratschläge rund um die vegetarische Küche! Lassen Sie sich von den folgenden Rezepten zum Nachkochen und Ausprobieren begeistern. Und vor allem: Lassen Sie es sich gut schmecken!

Gemüse

Zutaten
250 g Möhren
250 g Bohnen
1/2 kleiner Blumenkohl
200 g Pfifferlinge
1 1/2 l Gemüsebrühe
Salz, Zucker
105 g Butter
1 Ei
1 Eigelb
1 TL Speisestärke
60 g Paniermehl
Muskatnuss, gemahlen
125 g Sahne
weißer Pfeffer
frischer Estragon

TIPP
Variieren Sie das Gemüse je nach Jahreszeit. Wählen Sie z. B. im Frühling weiße und grüne Spargelspitzen, Zuckerschoten, junge Möhren und frische Spitzmorcheln. Das Gemüse schmeckt auch hervorragend mit fein gehacktem Kerbel.

Herbstliches Gemüse mit feinen Butterklößchen (Abb. S. 13)

Zubereitung

1 Gemüse schälen bzw. putzen und waschen. Möhren und Bohnen in 5 cm lange Stücke schneiden, Blumenkohl in Röschen teilen. Pfifferlinge putzen. 1 l Gemüsebrühe mit Salz, 1 Prise Zucker und 30 g Butter aufkochen.

2 Möhren in die Brühe geben und 5 Minuten garen. Dann Bohnen und Blumenkohlröschen zufügen und weitere 5 Minuten zugedeckt köcheln lassen. Pfifferlinge untermischen und alles 10 Minuten bei geringer Hitze garen.

3 Für die Butterklößchen 30 g weiche Butter schaumig rühren und anschließend Ei und Eigelb unterschlagen. Speisestärke mit Paniermehl vermischen, mit Salz und Muskatnuss würzen und unter die Butter-Ei-Masse rühren.

4 Restliche Brühe in einem zweiten Topf zum Kochen bringen. Mit 2 nassen Teelöffeln kleine Nocken aus der Buttermasse formen und in die Gemüsebrühe gleiten lassen. Hitze reduzieren und die Klößchen in der siedenden Brühe gar ziehen lassen. Sie sind fertig, sobald sie an der Oberfläche der Brühe schwimmen. Dann mit einem Schaumlöffel herausnehmen.

5 Gemüse aus der Garflüssigkeit heben und warm halten. Sahne in die Flüssigkeit rühren und kurz einkochen lassen. Restliche Butter in Stückchen unterziehen. Sauce mit Salz, Pfeffer und Muskatnuss abschmecken und über das Gemüse geben. Butterklößchen daraufsetzen, Teller mit Estragon garnieren und sofort servieren.

EW	F	KH	kcal/kJ
9 g	41 g	24 g	507/2121

Zutaten
Öl für die Form
1 TL Walnussöl
1/3 TL Rosmarinnadeln, gehackt
50 g Walnusskerne, grob gehackt
Cayennepfeffer
Salz
300 g Tomaten

Gazpacho mit Nüssen (für 2 Personen)

Zubereitung

1 Für die Kräuterwalnüsse: Eine kleine Auflaufform mit Öl bestreichen und bei 175 Grad kurz im Backofen erwärmen. Währenddessen Walnussöl mit Rosmarin mischen. Die Auflaufform aus dem Ofen nehmen, mit Rosmarinöl einstreichen. Grob gehackte Walnüsse darin verteilen, mit Cayennepfeffer und Salz bestreuen.

2 Auflaufform anschließend

für 15 Minuten in den Backofen stellen, bis die Walnüsse schön braun geröstet sind.

3 Für das Gazpacho: Tomaten überbrühen, häuten und entkernen. Gurke schälen und entkernen. Paprika entkernen. Alles fein würfeln. Jeweils 1 EL des Gemüses beiseite stellen, den Rest in einer hohen Schüssel mischen. Knoblauch und Zwiebel schälen, sehr fein hacken und zum Gemüse geben. Alles mit dem Pürierstab mixen. Essig, Tomatensaft und Weißbrot daruntermischen, mit Salz und Pfeffer würzen und mit Chilisauce abschmecken.

4 Suppe gut gekühlt in Suppentassen füllen und mit dem restlichen klein geschnittenen Gemüse und den Kräuterwalnüssen bestreuen.

EW	F	KH	kcal/kJ
6 g	10 g	16 g	185/779

1/2 Gurke
1 kleine rote oder grüne Paprika
1 Knoblauchzehe
1 kleine rote Zwiebel
2–3 EL roter Weinessig
125 ml Tomatensaft
1 Scheibe Weißbrot, zerbröselt
Pfeffer
Chilisauce (Fertigprodukt)

Gemüse mit Kräuterdip

Zubereitung

1 Zwiebel schälen und würfeln. Mit Jogurt, Mandeln, Kräutern, Salz und Pfeffer verrühren.

2 Gemüse gegebenenfalls in Streifen schneiden.

3 Gemüse mit Dip auf einer großen Platte anrichten und servieren.

EW	F	KH	kcal/kJ
8 g	7 g	14 g	143/600

Zutaten
1 Zwiebel
500 g Jogurt
100 g Mandeln, gestiftelt und geröstet
5 EL frische Kräuter (z. B. Petersilie, Dill, Kerbel, Basilikum und Estragon)
1/2 TL Salz
1/2 TL schwarzer Pfeffer
1 kg Gemüse, z. B. gedünsteter grüner Spargel, Möhren, Gurken und Radieschen

Zutaten
70 g Butter
200 ml Gemüsebrühe
100 g Weizenvollkornmehl
50 g Buchweizenschrot
1–2 Eier
150 g Lauch
150 g Möhren
150 g Sellerie
2 EL frische Gartenkräuter, gehackt
Salz
Pfeffer
Muskatnuss, gemahlen

Gemüsebratlinge

Zubereitung

1 Für den Brandteig 50 g Butter in einem Topf schmelzen, mit Gemüsebrühe aufgießen und zum Kochen bringen. Topf vom Herd nehmen und Weizenmehl sowie Buchweizenschrot auf einmal zugeben. Teig wieder auf den Herd stellen und rühren, bis sich der Teigkloß vom Boden löst.

2 Heißen Teig in eine Schüssel geben, Eier unterrühren und etwas abkühlen lassen.

3 Lauch putzen, waschen und in feine Ringe schneiden. Möhren und Sellerie putzen, schälen und fein raspeln. Gemüse in restlicher Butter andünsten und mit dem Brandteig sowie gehackten Gartenkräutern vermischen. Mit Salz, Pfeffer und Muskatnuss kräftig abschmecken.

4 Backofen auf 220 Grad vorheizen. Mit feuchten Händen Bratlinge formen und auf ein mit Backpapier ausgelegtes Backblech setzen. Ca. 10 Minuten backen, Temperatur auf 175 Grad reduzieren und Bratlinge in 20 Minuten fertig backen.

EW	F	KH	kcal/kJ
9 g	20 g	29 g	330/1383

TIPP

Lauch ist nicht nur ein vielfältiges Gemüse, sondern auch das ganze Jahr über im Handel erhältlich. Besonders lecker ist der Sommerlauch, der im Gegensatz zum Winterlauch weniger scharf ist.

Rustikale Wirsingrouladen

Zubereitung

1 Vom Wirsing 8 bis 12 Blätter vorsichtig lösen und in kochendem Salzwasser ca. 5 Minuten garen. Die Blätter mit einer Schaumkelle vorsichtig herausheben und auf Küchenpapier abtropfen lassen. Dickere Blattrippen flach schneiden, um eine gleichmäßige Fläche zu erhalten.

2 Für die Füllung Kartoffeln schälen und grob raspeln, Maronen fein hacken, Frühlingszwiebeln waschen und in feine Ringe schneiden. Petersilie waschen und fein hacken.

3 Butter in einem Topf schmelzen, geraspelte Kartoffeln und Maronen ca. 5 Minuten bei geringer Hitze darin dünsten. Vom Herd nehmen und Frühlingszwiebeln, Petersilie, Käse, Schmand und Paniermehl unterheben. Mit Salz, Pfeffer und Muskatnuss abschmecken.

4 Kartoffelmasse auf die Wirsingblätter verteilen, Ränder nach innen klappen, aufrollen und mit Küchengarn zusammenbinden.

5 Butterschmalz in einem breiten Topf schmelzen. Rouladen bei mittlerer Hitze darin rundum braun anbraten, Gemüsebrühe angießen und bei schwacher Hitze zugedeckt ca. 35 Minuten weich schmoren.

6 Fertige Rouladen aus dem Topf heben. Sauce mit Salz und Pfeffer pikant abschmecken und zum Schluss mit dem Pürierstab die kalten Butterflöckchen unter die Sauce schlagen.

EW	F	KH	kcal/kJ
15 g	45 g	50 g	668/2797

Zutaten

1 Wirsing
Salz
500 g Kartoffeln
200 g Maronen, küchenfertig
1 Bd. Frühlingszwiebeln
1 kleines Bd. Petersilie
50 g Butter
75 g Hartkäse, gerieben
200 g Schmand
2 EL Paniermehl
Pfeffer
Muskatnuss, gerieben
30 g Butterschmalz
1/4 l Gemüsebrühe
30 g kalte Butter in Flöckchen

Zutaten
300 g Mehl
1 1/2 Päckchen Trockenhefe
Salz
75 g Butter
1 Zwiebel
100 g Champignons
100 g TK-Erbsen
200 g Möhren
Mehl zum Ausrollen
50 g Schmand
75 g Käse, fein gerieben
2 Eier
Pfeffer
2 EL Kräuter, gehackt
5 EL Tomatenmark

Mini-Gemüse-Calzoni

Zubereitung

1 Mehl, Hefe und 1 Prise Salz vermischen. 50 g Butter schmelzen, etwas abkühlen lassen und mit ca. 200 ml warmem Wasser zum Mehlgemisch geben. Mit den Knethaken ca. 5 Minuten durcharbeiten. Teig zugedeckt ca. 30 Minuten bei Zimmertemperatur gehen lassen.

2 Zwiebel schälen und fein hacken. Pilze putzen und in Scheiben schneiden. Zwiebel, Pilze und Erbsen in restlicher Butter dünsten, bis die austretende Flüssigkeit verdampft ist.

3 Möhren putzen, schälen, grob raspeln und mitdünsten. Abkühlen lassen.

4 Hefeteig nochmals kräftig durcharbeiten und in 10 gleich große Stücke teilen. Jedes Teigstück auf einer bemehlten Arbeitsfläche rund und 1/2 cm dünn ausrollen.

5 Schmand, Käse und Eier unter das Gemüse heben, mit Salz, Pfeffer und Kräutern abschmecken.

6 Jeweils die Hälfte des Teigkreises mit Tomatenmark bestreichen. Gemüse darauf verteilen und andere Teighälfte darüberklappen. Ränder rundherum andrücken und Calzoni auf ein mit Backpapier belegtes Blech setzen. In den kalten Backofen schieben und bei 180 Grad ca. 45 Minuten hellbraun backen.

EW	F	KH	kcal/kJ
9 g	11 g	24 g	231/968

Gemüsecrêpes (für 2 Personen)

Zubereitung

1 Für die Crêpes Schnittlauch waschen, trockenschütteln und in Röllchen schneiden. Mit Mehl, Ei, Milch und 1 EL Pflanzencreme gut verrühren und anschließend mit Salz und Pfeffer würzen. Teig kurz quellen lassen.

2 Eine Pfanne mit 1 TL Pflanzencreme ausstreichen und 2 dünne Crêpes darin backen.

3 Für die Füllung Petersilie sowie Frühlingszwiebeln waschen, trockenschütteln und sehr fein hacken. Tomaten gut waschen, Kerne und Stielansatz entfernen und das feste Tomatenfleisch grob würfeln. Alles in 1/2 EL Pflanzencreme andünsten, leicht salzen und pfeffern.

4 Essig, Salz, Pfeffer, Zucker und 1 EL Pflanzencreme verrühren und unter das Gemüse mischen.

5 Für die Quarkschicht den Knoblauch schälen und durchpressen. Mit Magerquark, Frischkäse und Buttermilch zu einer glatten Masse verrühren. Mit Salz und Pfeffer abschmecken.

6 Crêpes mit einer dünnen Schicht Kräuterquark bestreichen, mit Tomaten, Frühlingszwiebeln und Petersilie füllen und aufrollen.

EW	F	KH	kcal/kJ
18 g	28 g	28 g	436/1818

Zutaten

Für die Crêpes:
1/2 Bd. Schnittlauch
50 g Weizenvollkornmehl
1 Ei
1/8 l Milch
1 EL + 1 TL Pflanzencreme mit Butteraroma
Salz
Pfeffer

Für die Füllung:
1/2 Bd. glatte Petersilie
1 Bd. Frühlingszwiebeln
2 Tomaten
1 1/2 EL Pflanzencreme mit Butteraroma
Salz
Pfeffer
1–2 EL Weißweinessig
1 Prise Zucker

Für die Quarkschicht:
1 kleine Knoblauchzehe
50 g Magerquark
70 g Kräuterfrischkäse
25 ml Buttermilch
Salz
Pfeffer

TIPP

Für die Herstellung von Vollkornmehl wird das gesamte Korn vermahlen und enthält so noch alle ursprünglichen Substanzen wie Ballaststoffe, Vitamine und Mineralstoffe.

Zutaten
2 Kohlrabi (à 500 g)
3 Schalotten
1 EL Butter
3 EL trockener Sherry
600 ml Gemüsebrühe
1 Bd. Kerbel
100 g Sahne
Salz
weißer Pfeffer
2 EL Essig
4 Eier

Kohlrabi-Kerbel-Suppe

Zubereitung

1 Kohlrabi schälen und grob würfeln. Schalotten schälen, fein hacken und in der heißen Butter glasig dünsten. Kohlrabi zufügen und einige Minuten mitdünsten. Alles mit Sherry ablöschen, Brühe zugießen und 15–20 Minuten weich garen.

2 Einige Kerbelblättchen zum Garnieren zurückbehalten, die übrigen zur Brühe geben. Suppe pürieren, Sahne zufügen, mit Salz und Pfeffer abschmecken.

3 1 l Wasser mit Essig und 1 EL Salz zum Kochen bringen. Die Eier einzeln in eine Suppenkelle schlagen und nacheinander in das siedende Wasser gleiten lassen, 3–4 Minuten pochieren, herausheben, abtropfen lassen und anhängende Eiweißfäden abschneiden.

4 Suppe mit dem Pürierstab schaumig aufschlagen, in Teller verteilen, Eier hineinsetzen und mit restlichem Kerbel garnieren.

EW	F	KH	kcal/kJ
13 g	17 g	8 g	247/1151

TIPP

Kohlrabi ist sowohl roh als auch gekocht genießbar. Sein hoher Ballaststoffgehalt trägt mit zu einer geregelten Verdauung bei. Die energiearme Knolle (24 kcal/100 g) ist reich an Selen, B-Vitaminen, Vitamin C, Kalium, Magnesium und Kupfer. Noch nährstoffreicher sind die Blätter des Kohlrabi, die zusätzlich Provitamin A enthalten.

Gemüsecevapcici

Zubereitung

1 Gemüsebrühe aufkochen, Grünkernschrot einrühren und ca. 15 Minuten quellen lassen.

2 Spinatblätter putzen, waschen, Knoblauchzehen schälen und beides fein hacken. Mit Eigelb und Mehl unter die Grünkernmasse mengen und mit Salz und Cayennepfeffer würzen. Aus der Teigmasse mithilfe von 2 Esslöffeln Nocken formen.

3 In einer großen beschichteten Pfanne Sonnenblumenöl erhitzen und Teignocken ca. 10 Minuten darin braten.

4 Paprika und Zucchini putzen, waschen und fein würfeln. Einige Paprikawürfel beiseite stellen. Restliche Gemüsewürfel in 200 ml Salzwasser aufkochen und zugedeckt einige Minuten garen. Anschließend die abgetropften Gemüsewürfel pürieren und mit Tomatenmark, Salz, Cayennepfeffer und Paprikapulver abschmecken.

5 Cevapcici mit Gemüsepüree und Paprikawürfeln bestreut servieren.

EW	F	KH	kcal/kJ
14 g	16 g	37 g	349/1466

Zutaten

1/2 l Gemüsebrühe
160 g Grünkernschrot
400 g Spinat
2 Knoblauchzehen
4 Eigelb
40 g Weizenmehl
Salz
Cayennepfeffer
2 EL Sonnenblumenöl
4 gelbe Paprika
3 Zucchini
1 EL Tomatenmark
1 TL Paprikapulver rosenscharf

Zutaten
2 Knollen Sellerie, geputzt und geschält
Salz
200 g Preiselbeerkompott (Fertigprodukt)
2 EL Sonnenblumenöl
1 EL süßer Senf
1 EL scharfer Senf
50 g Silberzwiebeln (Glas)
400 g Blattsalat
1 Tomate
150 g Jogurt
1 TL Essig
Zucker
500 ml Buttermilch
Pfeffer aus der Mühle
2 Eier
100 g Paniermehl
Butterschmalz

Gebackener Sellerie

Zubereitung

1 Sellerie in reichlich Salzwasser gar kochen.

2 Preiselbeerkompott mit der Hälfte des Sonnenblumenöls verrühren und Senf hinzugeben.

3 Silberzwiebeln abschütten, fein würfeln, in die Sauce geben, mit Salz abschmecken und durchziehen lassen.

4 Salat putzen und waschen. Tomate waschen, Stielansatz entfernen und Fruchtfleisch in Scheiben schneiden.

5 Jogurt mit restlichem Sonnenblumenöl und Essig verrühren und mit Salz sowie Zucker würzig abschmecken.

6 Sellerieknollen in ca. 2 cm dicke Scheiben schneiden und mindestens 2 Stunden in Buttermilch einlegen. Aus der Milch nehmen, abtropfen lassen, salzen und pfeffern.

7 Eier in einem Suppenteller verquirlen und Selleriescheiben erst durch die Eier, dann durch das Paniermehl ziehen. In einer beschichteten Pfanne Butterschmalz erhitzen und Selleriescheiben darin goldgelb ausbacken.

8 Blattsalat mit Jogurtdressing vermischen.

9 Gebackene Selleriescheiben mit Preiselbeersauce anrichten und mit Blattsalat und Tomatenscheiben servieren.

EW	F	KH	kcal/kJ
15 g	22 g	47 g	458/1924

Rote-Bete-Tarte mit Manchego (für 12 Stücke)

Zutaten
500 g Rote Bete
Salz
125 g Butter
250 g Weizenvollkornmehl
2 Eier
1 Bd. Thymian
250 ml Sojacreme
1 Eigelb
2 TL süßer Senf
Pfeffer aus der Mühle
80 g Manchego

Zubereitung

1 Rote Bete waschen und in reichlich Salzwasser ca. 30 Minuten bissfest kochen. Eine Tarteform mit 1 TL Butter einfetten.

2 Mehl, restliche Butter, 1 Ei und 1 Prise Salz zu einem Mürbeteig verkneten. Ausrollen und die Tarteform damit auskleiden. Den Teig im vorgeheizten Backofen bei 200 Grad ca. 15 Minuten vorbacken.

3 Rote Bete schälen, in Scheiben schneiden und auf den vorgebackenen Boden schichten. Thymian waschen, trockenschütteln und Blättchen von den Stielen zupfen.

4 Sojacreme, restliches Ei, Eigelb, Senf und 3/4 des Thymians vermengen, mit Salz und Pfeffer würzen und über die Rote Bete geben.

5 Käse reiben und die Tarte damit bestreuen. Anschließend alles 45 Minuten backen.

6 Mit restlichem Thymian garnieren und servieren.

EW	F	KH	kcal/kJ
7 g	34 g	15 g	385/1617

TIPP

Manchego ist ein spanischer Hartkäse, der aus der Milch des Manchego-Schafes hergestellt wird.
Der Käse wird in unterschiedlichen Reifezuständen angeboten: fresco (frisch), curado (3–4 Monte alt) und viejo (bis zu 1 Jahr gereift).

Spinat-Gorgonzola-Taschen

Zutaten
200 g TK-Blattspinat
2 Platten TK-Blätterteig (à 75 g)
1 große Zwiebel
1 EL Pflanzencreme mit Butteraroma
Salz
Pfeffer
Muskatnuss, gerieben
1 Ei
100 g Gorgonzola
30 g blütenzarte Haferflocken
Mehl für die Arbeitsfläche

TIPP
Der Gorgonzola ist ein italienischer Blauschimmelkäse aus pasteurisierter Kuhmilch, der der Käsegruppe der Weichkäse zugeordnet wird. Sein kompakter, weißer bis strohgelber Teig ist mit blaugrünen Schimmeladern durchzogen. Da der Schimmel sich durch den Käselaib zieht, bezeichnet man den Gorgonzola auch als Innenschimmelkäse. Mit durchschnittlich 48 % Fett i. Tr. zählt er zu den vollfetten Käsen.

Zubereitung
1 Spinat und Blätterteig auftauen lassen. Backofen auf 225 Grad vorheizen.
2 Zwiebel schälen und fein würfeln. Pflanzencreme in einer beschichteten Pfanne erhitzen und Zwiebel darin anbraten. Spinat zugeben und kurz garen. Mit Salz, Pfeffer und Muskatnuss kräftig würzen.
3 Ei verquirlen, Gorgonzola würfeln. Spinat, Zwiebel, Haferflocken, Gorgonzola und den größten Teil des Eis in einer Schüssel vermischen.
4 Blätterteigplatten auf einer bemehlten Arbeitsfläche ausrollen (ca. 15 x 30 cm). In 4 Quadrate teilen. Spinatmischung auf die Mitte der Teigquadrate geben und diese zu Dreiecken falten, Ränder mit einer Gabel gut festdrücken.
5 Die Teigtaschen auf ein mit Backpapier ausgelegtes Backblech setzen. Mit dem restlichen Ei bestreichen und auf der mittleren Einschubleiste ca. 15 Minuten backen.

EW	F	KH	kcal/kJ
11 g	16 g	24 g	324/1347

Zutaten
Für den Tomatendip:
2 Schalotten
2 Knoblauchzehen
2 EL Olivenöl
2 EL Tomatenmark
1 Lorbeerblatt
1 große Dose geschälte Tomaten
Salz
Pfeffer aus der Mühle
Für die Auberginen:
2–3 mittelgroße Auberginen
Salz
1 TL Paprikapulver edelsüß
2 Eier
4 EL Paniermehl
Butterschmalz zum Ausbacken

Panierte Auberginenscheiben mit Tomatendip

Zubereitung

1 Schalotten schälen und fein hacken. Knoblauch schälen und durchpressen. Öl erhitzen und Schalotten darin glasig dünsten. Knoblauch dazugeben. Tomatenmark einrühren, Lorbeerblatt und Tomaten mit Saft zugeben. Tomaten mit einem Kartoffelstampfer zerdrücken.

2 Alles aufkochen, mit Salz und Pfeffer würzen und offen ca. 45 Minuten köcheln lassen. Anschließend Lorbeerblatt herausnehmen.

3 Auberginen waschen, Enden abschneiden und Früchte in dicke Scheiben schneiden. Von beiden Seiten salzen und 30 Minuten ziehen lassen.

4 Auberginenscheiben mit Küchenpapier trockentupfen und mit Paprikapulver bestreuen.

5 Eier verquirlen. Auberginenscheiben erst in den Eiern, dann im Paniermehl wenden.

6 Butterschmalz in einer Pfanne erhitzen und die Auberginenscheiben von jeder Seite ca. 3 Minuten braten. Fertige Scheiben im Backofen bei 70 Grad warm halten.

7 Panierte Auberginenscheiben mit Tomatendip servieren.

EW	F	KH	kcal/kJ
7 g	20 g	12 g	249/1046

TIPP
Als Blattsalat bieten sich für diese Vorspeise Kopf- oder Eisbergsalat an.

Frühlingsgemüsegratin in Kräuterzabaione

Zutaten
200 g fest kochende Kartoffeln
Salz
1/2 TL Kümmel
je 200 g junge Möhren, grüner Spargel und Erbsen
300 g Blumenkohl
250 g Kohlrabi
80 g Butter
1 Prise Zucker
1/8 l Gemüsebrühe
3 Eigelb
1 TL Kräuteressig
80 ml Weißwein
2 EL gemischte Kräuter (z.B. Kerbel, Dill und Estragon), gehackt

TIPP
Lagern Sie Gemüse immer gekühlt bei 4 Grad.

Zubereitung

1 Kartoffeln waschen und mit Schale in Salzwasser mit Kümmel ca. 20 Minuten gar kochen. Gemüse waschen, putzen und in ca. 1 x 4 cm große Stücke schneiden. Kartoffeln pellen und warm halten.

2 Backofengrill vorheizen. Butter in einem Topf schmelzen, je 1 Prise Salz und Zucker einstreuen und das Gemüse darin anschwitzen. Brühe dazugießen und das Gemüse zugedeckt ca. 10 Minuten bei niedriger Hitze garen.

3 Eigelb mit Kräuteressig und Weißwein im heißen Wasserbad aufschlagen, bis die Masse luftig-cremig wird. Masse mit den gehackten Kräutern und etwas Salz abschmecken.

4 Kartoffeln und Gemüse in tiefen Tellern anrichten, die Kräuterzabaione darübergeben und unter dem Grill ca. 3–4 Minuten leicht bräunen.

EW	F	KH	kcal/kJ
12 g	23 g	22 g	285/1191

Indische Gemüsepfanne

Zubereitung

1 Möhre schälen und in kleine Würfel schneiden. Okraschoten von den Enden befreien und in kleine Stücke schneiden. Tomate entkernen und in kleine Würfel schneiden.

2 2 TL Öl in einer großen beschichteten Pfanne erhitzen. Möhrenwürfel zugeben und mit 50 ml Gemüsebrühe 3–4 Minuten köcheln lassen. Okraschoten, Tomate, Ingwer und restliche Gemüsebrühe zugeben, mit Garam Masala würzen. In der Pfanne 4–6 Minuten weiter kochen, bis die Okraschoten gar sind. Dabei gelegentlich umrühren.

3 Inzwischen Tofu mit Küchenpapier trockentupfen und in 3 cm große Würfel schneiden.

4 2 TL Öl in einer weiteren Pfanne erhitzen und Tofu zugeben. Bei mittlerer Hitze darin von allen Seiten goldbraun backen.

5 Anschließend Tofu zum Gemüse geben und vorsichtig umrühren. Zum Schluss die Mandelstifte dazugeben.

Zutaten

1 Möhre
8 Okraschoten
1 Tomate
4 TL Mandel- oder Maiskeimöl
125 ml Gemüsebrühe
1 TL Ingwer, gerieben
1 TL Garam Masala
300 g Tofu (natur oder indisch gewürzt)
70 g Mandeln, gestiftelt

EW	F	KH	kcal/kJ
12 g	19 g	5 g	232/972

TIPP

Garam Masala gehört neben Currypulver zu den typischen Gewürzmischungen Indiens, zu deren Herstellung unzählige Rezepturen existieren. Meistens sind Kreuzkümmel, Koriander, Kardamom, Pfeffer, Zimt und Nelken enthalten. Es ist in gut sortierten Asialäden erhältlich.

Kürbis-Curry-Suppe

Zutaten
2 Butternusskürbisse (ca. 2 kg)
50 ml Olivenöl
200 g Mandeln, gestiftelt
100 g Zwiebeln, gehackt
3 Knoblauchzehen, gehackt
1 1/2 TL mildes Currypulver
1 l Gemüsebrühe
Salz
90 g Jogurt

Zubereitung

1 Kürbisse 15 Minuten im Ofen bei 190 Grad rösten, herausnehmen, in der Mitte durchschneiden und Kerne entfernen.

2 Backblech mit 20 ml Öl bestreichen. Kürbishälften mit den Schnittflächen drauflegen und für 30–35 Minuten in den Ofen schieben, bis sie sehr weich sind. Abkühlen lassen.

3 Hitze auf 175 Grad reduzieren. Mandeln auf das Blech geben und in 10 Minuten goldbraun rösten.

4 Restliches Öl erhitzen. Zwiebeln und Knoblauch dazugeben und anbraten bis die Zwiebeln glasig sind. Currypulver hinzufügen und 2–3 Minuten kochen lassen, bis es duftet.

5 Kürbisschalen entfernen und Fruchtfleisch in mundgerechte Stücke schneiden. Currymischung in einen Mixer oder eine Küchenmaschine geben und mit Kürbisstücken und Brühe auffüllen. 150 g Mandeln hinzufügen und so lange mixen, bis eine feine Masse entsteht. Suppe zurück in den Topf geben.

6 Suppe zum Kochen bringen, Hitze reduzieren und 10 Minuten köcheln lassen, salzen und mit Jogurt und restlichen Mandeln garnieren.

EW	F	KH	kcal/kJ
21 g	17 g	43 g	411/1729

Gefüllter Fenchel

Zutaten
4 Fenchelknollen (à 200 g)
Salz
1 Möhre
1 Knoblauchzehe
5 EL kernige Haferflocken
150 g saure Sahne
Pfeffer
Muskatnuss, gerieben
100 g Gouda, gerieben

Zubereitung

1 Fenchel putzen, waschen und halbieren. Innere Blätter herausschneiden und fein hacken. Fenchelhüllen in 1/2 l Salzwasser 5 Minuten blanchieren, herausnehmen und Kochwasser beiseite stellen.

2 Möhre schälen und raspeln. Durchgepressten Knoblauch mit Möhre, gehacktem Fenchel, Haferflocken sowie Sahne verrühren. Alles mit Salz, Pfeffer und Muskat abschmecken.

3 Fenchelhüllen mit der Masse füllen, in eine Auflaufform geben, mit Käse bestreuen und mit Kochwasser angießen. Im Ofen bei 220 Grad überbacken.

EW	F	KH	kcal/kJ
14 g	13 g	14 g	229/957

Hülsenfrüchte, Tofu und Ei

Zutaten
Für den Dip:
100 ml passierte Tomaten
2 EL Sojasauce
1 EL Sherry (Medium)
1/4 TL brauner Zucker
1 Prise Chilipulver
Für die Tofutaschen:
400 g Tofu
Salz
4 Blätter Eisbergsalat
1 kleine rote Zwiebel
2 Tomaten
1/4 Gurke
Öl zum Ausbacken

Kalifornische Tofutaschen

(Abb. S. 29)

Zubereitung

1 Für den Dip passierte Tomaten, Sojasauce, Sherry, braunen Zucker und Chilipulver vermischen.

2 Tofu in 1 cm dicke Dreiecke schneiden, leicht salzen und trockentupfen.

3 Salat putzen, waschen und in Streifen schneiden. Zwiebel schälen und in feine Ringe schneiden. Tomaten und Gurke waschen, putzen und in dünne Scheiben schneiden.

4 Reichlich Öl in einer Pfanne oder einem Wok erhitzen. Tofu darin auf beiden Seiten goldgelb backen, auf Küchenpapier abtropfen lassen.

5 Mit einem spitzen Messer in die Längsseite der Dreiecke eine Tasche schneiden. Tofu mit Salatstreifen, Zwiebelringe, Tomaten- und Gurkenscheiben füllen.

6 Taschen mit Dip servieren.

EW	F	KH	kcal/kJ
18 g	14 g	5 g	224/941

Zutaten
250 g frische Pfifferlinge (ersatzweise Pilze aus der Dose)
1 große Zwiebel
250 g Kartoffeln
1 EL Butter
450 ml Gemüsebrühe
125 g Tofu
50 g Sahne
3–4 EL Sojasauce
Pfeffer
2 EL trockener Sherry
1/2 Bd. Basilikum, fein gehackt

Kartoffel-Pfifferling-Cremesuppe mit Tofu

Zubereitung

1 Pfifferlinge putzen, dabei größere Pilze zerschneiden. Zwiebel und Kartoffeln schälen und klein würfeln. Butter in einem Topf zerlassen, Pilze darin kurz braten, herausnehmen und warm stellen.

2 Zwiebel- und Kartoffelwürfel in dem Topf hell anschwitzen, mit Brühe ablöschen und zugedeckt ca. 15 Minuten bei geringer Hitze köcheln lassen.

3 Tofu 5 Minuten in kaltem Wasser ruhen lassen, dann würfeln und einrühren.

4 Sahne dazugeben. Anschließend Suppe glatt pürieren und schaumig aufschlagen. Mit Sojasauce, Pfeffer und Sherry abschmecken, Pfifferlinge kurz darin erhitzen.

5 Mit Basilikum bestreut servieren.

EW	F	KH	kcal/kJ
4 g	8 g	12 g	144/601

Kohlrabi mit Kichererbsenfüllung

Zubereitung

1 Kohlrabi schälen, je einen 5 mm dicken Deckel abschneiden. Kohlrabi mit einem Kugelausstecher aushöhlen, sodass dabei ein 5 mm dicker Rand stehen bleibt. Das Innere der Kohlrabi beiseite stellen.

2 Ausgehöhlte Kohlrabi mit Deckel in reichlich Salzwasser 6–8 Minuten kochen. Kalt abschrecken und gut abtropfen lassen.

3 Kichererbsen auf ein Sieb gießen, kurz abspülen und abtropfen lassen. Knoblauch schälen und in Scheiben schneiden, Thymian und Chilischote waschen, Kräuterblättchen abzupfen, Chilischote in feine Ringe schneiden.

4 Das Innere der Kohlrabi zusammen mit Knoblauch, Chili, Thymian und der Butter 3–4 Minuten dünsten. Kichererbsen zugeben, mit Salz, Pfeffer und 1 Prise Currypulver kräftig würzen und dann im Blitzhacker oder mit dem Pürierstab fein zerkleinern.

5 Kichererbsencreme in die Kohlrabi einfüllen, Kohlrabi auf den Grill setzen, Deckel daneben legen und 6–8 Minuten grillen, dabei die Deckel einmal wenden.

6 Gefüllte Kohlrabi zudecken und servieren.

EW	F	KH	kcal/kJ
9 g	19 g	20 g	285/1191

Zutaten

4 kleine Kohlrabi
1 Dose Kichererbsen (425 ml)
2 Knoblauchzehen
8 Zweige Zitronenthymian oder Thymian
1 Chilischote
80 g Butter
Salz
Pfeffer
Currypulver

TIPP

Gegrillte Kohlrabi können Sie z. B. auch mit einem würzigen Püree aus Kartoffeln und Bärlauch oder Kürbis und Schafskäse füllen.

Zutaten
300 g Kichererbsen
2 Knoblauchzehen
1 EL Paprikapulver edelsüß
1/2 TL Kreuzkümmel
1/2 TL Koriander, gemahlen
1 Msp. Muskatnuss, gerieben
4 EL blütenzarte Haferflocken
evtl. 1 Ei zum Binden
Salz
Pflanzenfett zum Ausbacken
1 kleines Fladenbrot
2 Tomaten
1/2 Kopf Eisbergsalat
1/2 Zwiebel

Falafel im Fladenbrot

(für 2 Personen)

TIPP
Besonders lecker wird das gefüllte Fladenbrot, wenn etwas Jogurtsauce über die Füllung gegeben wird. Für die Sauce einfach Jogurt mit gehackter Minze – zur Not einen Pfefferminzteebeutel aufschneiden und getrocknete Minze verwenden –, gehackter Petersilie, gepresstem Knoblauch sowie Salz und Pfeffer verrühren.

Zubereitung

1 Kichererbsen über Nacht einweichen, abgießen und im Mixer pürieren.

2 Knoblauchzehen schälen, durchpressen, mit den Gewürzen zu dem Erbsenmus geben und Haferflocken hinzufügen. Sollte der Teig sehr trocken sein, Ei unterkneten. Mit Salz abschmecken.

3 Aus der Teigmasse Bällchen (ca. 3 cm Durchmesser) formen. Reichlich Pflanzenfett in einem hohen Topf erhitzen und die Falafel darin knusprig-braun frittieren. Fertige Bällchen kurz auf Küchenpapier abtropfen lassen und warm halten.

4 Fladenbrot kurz aufbacken, vierteln und aufschneiden. Tomaten in Scheiben und Eisbergsalat in Streifen schneiden. Zwiebel schälen und in Ringe schneiden. Das Gemüse gleichmäßig in die Fladenbrottaschen füllen und Falafelbällchen dazugeben.

EW	F	KH	kcal/kJ
21 g	8 g	81 g	480/2030

Italienischer Bohneneintopf

Zutaten
1 Glas Schnittbohnen (240 g)
1 Glas weiße Bohnen (240 g)
6 Frühlingszwiebeln
2 Knoblauchzehen
4 EL Olivenöl
1 Zitrone (unbehandelt)
1 Lorbeerblatt
1/8 l Weißwein
1/2 l Gemüsebrühe
2 Thymianstängel
100 g schwarze Oliven
Salz
schwarzer Pfeffer aus der Mühle

Zubereitung

1 Schnittbohnen und weiße Bohnen auf einem Sieb abtropfen lassen.

2 Frühlingszwiebeln waschen und grob hacken, Knoblauch schälen und in Scheiben schneiden und beides im Olivenöl anschwitzen.

3 Zitrone unter fließendem Wasser mit einer Bürste gründlich waschen, in Scheiben schneiden und hinzufügen. Lorbeerblatt dazugeben und mit Weißwein ablöschen. Mit Brühe aufgießen und kurz aufkochen.

4 Thymian waschen, trockentupfen und die Blättchen abzupfen. Zusammen mit den Bohnen zur Brühe geben und 5 Minuten köcheln lassen.

5 Die Oliven entkernen, halbieren, zum Eintopf geben und kurz erwärmen. Mit Salz und Pfeffer würzen.

EW	F	KH	kcal/kJ
10 g	22 g	19 g	338/1420

Zutaten
30 g getrocknete Steinpilze
1 l Gemüsebrühe
2 Schalotten
30 g Kräuterbutter (Fertigprodukt)
1 getrocknete Chilischote
1 g Safranfäden
125 g orange Linsen
100 g Sahne
Salz
Pfeffer, frisch gemahlen
1 Schuss Worcestersauce

Linsen-Safran-Suppe

Zubereitung
1 Pilze waschen und in Brühe einweichen. Schalotten schälen und fein würfeln.
2 Butter erwärmen. Schalotten, Chili und Safran dazugeben und bei geringer Hitze 2–3 Minuten dünsten.
3 Pilze aus der Brühe nehmen. Linsen waschen und mit den Pilzen zu den Schalotten geben, 3 Minuten dünsten, mit Brühe ablöschen.
4 Suppe 10–15 Minuten leicht köcheln lassen. Mit Sahne verfeinern, mit Salz, Pfeffer und Worcestersauce abschmecken.

EW	F	KH	kcal/kJ
6 g	14 g	6 g	168/706

TIPP
Linsen sind reich an wertvollem Eiweiß, Kalium, Eisen und den Vitaminen B_1, B_2, B_6 und Niacin.

Zutaten
80 g Butter
2 Zwiebeln, gehackt
750 g TK-Erbsen
3/4 l Gemüsebrühe
je 1–2 Prisen Salz und schwarzer Pfeffer
1–2 EL Zitronensaft
150 g Sahne
3 Minzstängel

Erbsensuppe mit Minze

Zubereitung
1 Butter zerlassen. Gehackte Zwiebeln darin glasig dünsten. Erbsen hinzufügen und mitdünsten. Mit Gemüsebrühe aufgießen und alles 15 Minuten köcheln lassen.
2 Ca. 6 EL Erbsen herausnehmen und beiseite stellen. Übrige Erbsen mit der Brühe pürieren. Mit Salz, Pfeffer und Zitronensaft würzen und Sahne einrühren.
3 Suppe aufkochen und 2–3 Minuten köcheln lassen. Beiseite gelegte Erbsen in der Suppe erhitzen.
4 Minze waschen, trockenschütteln, Blätter von den Stielen zupfen und auf die Suppe streuen.

EW	F	KH	kcal/kJ
15 g	32 g	28 g	463/1945

Bohnenbratlinge mit Schafskäsecreme

Zubereitung

1 Zwiebeln schälen und in Ringe schneiden. Knoblauch schälen und durchpressen. Öl in einer Pfanne erhitzen und beides darin andünsten.

2 Abgetropfte Bohnen mit Zwiebeln und Knoblauch vermischen und alles pürieren. Petersilie waschen, trockenschütteln und hacken. Mit Ingwer, Eiern und Sesam unter die Bohnenmasse rühren und mit Salz, Pfeffer und Kurkuma würzen.

3 Aus der Masse kleine Bratlinge formen und im heißen Öl rundherum goldbraun braten.

4 Für die Schafskäsecreme Schafskäse zerdrücken und mit Crème fraîche verrühren. Frühlingszwiebeln und Paprika putzen, waschen, Frühlingszwiebeln in feine Ringe und Paprika in Würfel schneiden. Unter den Schafskäse rühren und mit Pfeffer abschmecken.

5 Bohnenbratlinge mit der Schafskäsecreme und nach Wunsch mit Salat servieren.

EW	F	KH	kcal/kJ
39 g	37 g	50 g	685/2877

Zutaten

Für die Bratlinge:
2 Zwiebeln
2 Knoblauchzehen
Öl zum Braten
1 Dose weiße Bohnen (850 g)
1 Dose braune Bohnen (850 g)
1/2 Bd. glatte Petersilie
1 EL Ingwer, frisch gerieben
2 Eier
50 g gerösteter Sesam
Salz
Pfeffer
Kurkumapulver

Für die Creme:
200 g Schafskäse
125 g Crème fraîche
1/2 Bd. Frühlingszwiebeln
1 kleine rote Paprikaschote
Pfeffer
gemischter Salat als Beilage

Tofu-Linsen-Pastetchen

Zutaten
300 g TK-Blätterteig
350 ml Gemüsebrühe
175 g rote Linsen
1 TL frische Thymianblättchen
250 g Tofu
3 EL Sojasauce
schwarzer Pfeffer aus der Mühle
etwas abgeriebene Zitronenschale (unbehandelt)
1/2 TL Koriander, gemahlen
1 Bd. glatte Petersilie, gehackt
1 Bd. Schnittlauch, gehackt
Mehl für die Arbeitsfläche
1 Eigelb
4 EL Milch
25 g ungeschälte Sesamsamen

TIPP

Der aus Südeuropa und dem vorderen Orient stammende Koriander ist fester Bestandteil der asiatischen und mexikanischen Küche. Koriander können Sie ab April an einer geschützten Stelle aussäen. Ein sonniger Standort auf lockerem, kalkhaltigem Boden behagt Koriander besonders.

Zubereitung

1 Blätterteig auftauen.

2 Brühe aufkochen, Linsen und Thymian einstreuen und zugedeckt bei niedriger Hitze 10 Minuten köcheln lassen. Anschließend alles in ein Sieb abschütten und abtropfen lassen. 2 EL davon beiseite stellen.

3 Tofu 5 Minuten in kaltem Wasser ruhen lassen, dann in 2 cm große Würfel schneiden und mit den Linsen mischen. Mit Sojasauce, Pfeffer, Zitronenschale, Koriander und Kräutern mischen und abschmecken.

4 Backofen auf 200 Grad vorheizen. Blätterteigplatten aufeinander legen und auf einer leicht bemehlten Arbeitsfläche dünn ausrollen. 12 gleichmäßige Quadrate ausschneiden und Ränder mit etwas Wasser befeuchten.

5 Jeweils etwas Tofu-Linsen-Mischung auf die Teigstücke setzen. Je 4 Stücke zu Dreiecken, Säckchen und Briefumschlägen zusammenfalten. Die Ränder festdrücken. Aus den Teigresten Dekorationen formen, ausschneiden und mit etwas Wasser auf die Pastetchen kleben.

6 Die Pastetchen auf ein mit Backpapier ausgelegtes Blech geben. Eigelb mit Milch verquirlen, Pastetchen damit einpinseln, mit Sesam und restlichen Linsen bestreuen.

7 Auf der mittleren Einschubleiste ca. 15 Minuten backen.

EW	F	KH	kcal/kJ
13 g	40 g	39 g	570/2400

Gegrillte Tofusandwiches

(für 8 Stück)

Zubereitung

1 Tofu in 1/2 cm dünne Scheiben schneiden. Tomaten und Frühlingszwiebeln waschen und putzen. Tomaten in dünne Scheiben und Frühlingszwiebeln in Ringe schneiden.

2 2 EL Olivenöl mit Sojasauce glatt rühren, mit Oregano und Chili vermischen. Tofuscheiben auf beiden Seiten mit Sauce bestreichen, auf ein kleines Backblech legen und unter dem Backofengrill von jeder Seite 1–2 Minuten grillen.

3 Senf mit restlichem Olivenöl glatt rühen, mit Essiggürkchen und Kräutern vermischen.

4 4 Brote mit Senfcreme besteichen und mit Salatblättern belegen. Darauf kommen nacheinander Tofuscheiben, Tomaten, Frühlingszwiebeln, Sprossen und restliche Brotscheiben. Sandwiches mit einem scharfen Messer diagonal durchschneiden.

EW	F	KH	kcal/kJ
7 g	6 g	15 g	143/5990

Zutaten

400 g Tofu
2 Tomaten
2 Frühlingszwiebeln
2 1/2 EL Olivenöl
2 EL Sojasauce
1 TL Oregano, gehackt
1 Prise Chilipulver
1 EL Dijon-Senf
1 EL Essiggürkchen, fein gehackt
2 EL italienische Kräuter (tiefgekühlt)
8 Scheiben Weizenvollkornbrot in Kastenform
8 Salatblätter
2 EL Alfalfasprossen oder Kresse

Zutaten
1 Knoblauchzehe
170 ml Sojaöl
1 EL Currypulver
2 Packungen Tofu Natur (à 250 g)
50 g Cashewkerne
200 g Langkornreis, Salz
1 Bd. Frühlingszwiebeln (ca. 175 g)
4 Aprikosenhälften (Dose)
500 ml Sojacreme
Pfeffer

TIPP
Curry ist eine für Euopäer hergestellte Mischung aus bis zu 30 verschiedenen Gewürzen. Bei uns werden im Handel folgende Varianten angeboten: der mild-fruchtige »indische Curry«, der mild-aromatische »Madras-Curry« und der würzig-scharfe »Bombay-Curry«.

Tofu mit Reis und Gemüse

Zubereitung

1 Knoblauch schälen und grob hacken. Mit 150 ml Sojaöl und Curry verrühren.

2 Tofu in je 3 Scheiben schneiden und diagonal halbieren. Tofuscheiben in dem Curryöl ca. 3 Stunden marinieren.

3 Cashewkerne in restlichem Sojaöl anrösten. Reis zugeben und mit 400 ml Wasser ablöschen. Salzen und ca. 18 Minuten köcheln.

4 Frühlingszwiebeln in grobe Stücke, Aprikosen in Spalten schneiden. Tofu abtropfen lassen und von beiden Seiten ca. 2 Minuten anbraten.

5 Frühlingszwiebeln und Aprikosen zufügen. Kurz mitbraten und mit der Sojacreme ablöschen. Aufkochen und kurz köcheln lassen. Mit Salz und Pfeffer würzen.

EW	F	KH	kcal/kJ
22 g	35 g	48 g	600/2514

Zutaten
Für den Tofu:
500 g Tofu
4 EL Mehl
2 Eier
125 g geschälte Sesamsamen
6 EL Öl

Gebratener Sesamtofu

Zubereitung

1 Tofu in ca. 1 cm dicke Scheiben, diese in ca. 2 cm breite und ca. 5 cm lange Streifen schneiden.

2 Mehl auf einen Teller streuen. Eier kräftig in einem zweiten Teller verquirlen. Sesamsamen auf einen dritten Teller geben. Tofu zuerst im

Mehl, dann im Ei und zuletzt in dem Sesam wenden.
3 Wok und dann das Öl darin mäßig heiß werden lassen. Nach und nach Tofu darin unter vorsichtigem Rühren 3–5 Minuten braten. Fertige Tofustücke herausheben und zugedeckt warm halten.
4 Die Zutaten für die Sauce verrühren.
5 Die gebratenen Tofustücke mit der Sauce anrichten.

EW	F	KH	kcal/kJ
33 g	46 g	21 g	656/2755

Für die Sauce:
5 EL Reiswein
5 EL Reisessig
100 ml Sojasauce
1 TL schwarzer Pfeffer, frisch gemahlen
1 TL Zucker

Marinierter Tofu

Zutaten
300 g Tofu
4 eingelegte Ingwerkugeln
Saft von 1 Orange
3 EL Honig
1/2 TL Zimtpulver
1/2 TL Kardamom
2 Orangen, 2 Feigen
Zitronenmelisse
Sojadessert »Schoko«

Zubereitung
1 Tofu abtropfen lassen und in Würfel schneiden. Ingwerkugeln ebenfalls abtropfen lassen und fein hacken.
2 Ingwer mit Orangensaft, Honig, Zimt und Kardamom verrühren. Masse über den Tofu geben. 3 Stunden im Kühlschrank durchziehen lassen.
3 Orangen schälen und filetieren. Feigen waschen, abtrocknen und vierteln. Früchte und Tofuwürfel auf Spieße stecken. Marinade darüberträufeln. Mit Zitronenmelisse und Schokodessert anrichten.

EW	F	KH	kcal/kJ
7 g	4 g	30 g	175/735

TIPP
Kardamomkapseln sind die Früchte einer bis zu 3 m hohen, buschigen Schilfpflanze aus der Familie der Ingwergewächse. Die dreifächerigen Samenkapseln enthalten pro Fach 4–8 winzige braunschwarze, quer geriffelte Samen. Im Handel werden die ganzen dreikantigen, grünlichen Kapseln, die ausgelösten Samen und das fein gemahlene rötliche bis bräunlich-graue Pulver angeboten.

Spargeltortilla mit Feta

Zutaten
300 g fest kochende Kartoffeln
400 g weißer Spargel
160 g Feta
1/2 Bd. Petersilie
1/2 Bd. Frühlingszwiebeln
1 Knoblauchzehe
2 EL Olivenöl
5 Eier
Salz
Pfeffer
Kreuzkümmel
Minze zum Garnieren

TIPP
»Feta« heißt übersetzt »Scheibe«. Dieser Käse ist ein schnittfester, etwas krümeliger Käse mit einem pikanten bis leicht säuerlichen Geschmack. Hergestellt wird er aus Schafsmilch.

Zubereitung

1 Kartoffeln waschen und mit der Schale kochen.

2 Unterdessen den Spargel schälen und schräg in 5 cm lange Stücke schneiden. Feta in kleine Würfel schneiden.

3 Petersilie waschen, trockenschütteln und hacken. Wurzeln und welke Blätter von den Frühlingszwiebeln entfernen, in Ringe schneiden. Knoblauch schälen, ebenfalls hacken. Kartoffeln abgießen, pellen und in Scheiben schneiden. Ofen auf 220 Grad vorheizen.

4 Spargel und Kartoffeln separat in 2 großen beschichteten Pfannen in Olivenöl braten, Spargel bei geringer Hitze ca. 12 Minuten, Kartoffeln bei mittlerer Hitze ca. 10 Minuten. Kartoffeln, Knoblauch und Frühlingszwiebeln zu dem Spargel geben und alles vermengen.

5 Eier aufschlagen, verquirlen und mit Salz, Pfeffer und Kreuzkümmel würzen. Petersilie und Käse unter das Gemüse mischen, ebenfalls würzen und Eier darübergießen.

6 Tortilla auf der mittleren Schiene in den Ofen schieben und 15 Minuten goldbraun backen. Fertige Tortilla auf ein Schneidebrett gleiten lassen, etwas abkühlen lassen und in Stücke schneiden. Nach Wunsch mit Minze garnieren.

EW	F	KH	kcal/kJ
21 g	20 g	19 g	340/1428

Zutaten
6 Eier
30 g Butterschmalz
80 g Brie
50 g Mehl
1/8 l warme Milch
1 Prise Salz
1 Prise Muskatnuss
Butterschmalz und Mehl für die Förmchen

Briesoufflee

Zubereitung

1 Backofen auf 170 Grad vorheizen.

2 Eier trennen. Eiweiß steif schlagen.

3 Butterschmalz in einem Topf erwärmen. Brie darin bei geringer Hitze schmelzen und anschließend Mehl unterrühren. Milch hinzufügen und kräftig rühren. Topf vom Herd nehmen.

4 Anschließend die Masse in eine Rührschüssel umfüllen und mit Salz und Muskatnuss würzen. Eigelb nach und nach mit dem Schneebesen unterrühren. Eischnee über die Masse geben und vorsichtig unterheben.

5 Unverzüglich in gefettete und bemehlte kleine Förmchen geben. Bis auf 2/3 der Höhe auffüllen und ca. 20 Minuten im vorgeheizten Ofen backen. Dann sofort servieren, da das Soufflee sehr schnell zusammenfällt.

EW	F	KH	kcal/kJ
17 g	25 g	11 g	334/1404

TIPP

Brie ist ein Weißschimmelkäse, der genau wie alle Weichkäse nicht gleichmäßig durch den ganzen Teig, sondern von außen nach innen reift. In bis zu 4 Wochen reift der flache Laib mit Schimmelpilzkulturen zu einem weichen, elastischen Käse mit aromatischem, leicht säuerlichen bis pikanten Geschmack. Auffallend ist bei diesem Käse, dass sein Teig kaum Löcher aufweist und mit zunehmender Reife geschmeidiger wird. Im Handel ist Brie meist als Tortenstück erhältlich.

Zutaten
100 g Mandeln, gestiftelt
1 Bd. Schnittlauch
250 g Brie
10 Eier
4 EL Sahne
Salz
weißer Pfeffer
40 g Butter
1 EL Öl

Omelett mit Mandeln und Brie

Zubereitung

1 Mandelstifte in einer Pfanne ohne Fett unter Rühren rösten, anschließend auf einen Teller geben und abkühlen lassen.

2 Schnittlauch waschen, trockenschütteln und schräg in Röllchen schneiden. Brie mit einem scharfen Messer in 12 Scheiben schneiden, dabei das Messer nach jedem Schnitt in heißes Wasser tauchen.

3 Eier und Sahne verquirlen, salzen und pfeffern. Die Hälfte der Schnittlauchröllchen unterrühren. Butter und Öl in einem kleinen Topf zerlassen.

4 Jeweils 1 EL Butter-Öl in einer beschichteten Pfanne (Durchmesser 24 cm) erhitzen. Eier durchrühren, 1/4 der Eiermasse in der Pfanne verlaufen lassen und bei mittlerer Hitze 2 Minuten braten, dabei die Pfanne rütteln, damit das Omelett nicht ansetzt. Wenn das Omelett am Rand stockt, mit 1 TL Mandelstiften bestreuen und 3 Scheiben Brie auf eine Hälfte des Omeletts legen, andere Hälfte darüberklappen. Bei mittlerer Hitze 1 weitere Minute backen, aus der Pfanne nehmen und im heißen Backofen bei 100 Grad warm halten.

5 Auf diese Weise 3 weitere Omeletts backen. Mit übrigem Schnittlauch und restlichen Mandelstiften bestreut servieren.

EW	F	KH	kcal/kJ
35 g	68 g	4 g	762/3201

TIPP

Damit frische Eier nach dem Kauf möglichst lange frisch bleiben, sollten sie grundsätzlich im Kühlschrank aufbewahrt werden; am besten in einer Eierbox, um sie vor Fremdgerüchen, die durch die Poren der Schale relativ leicht in das Ei gelangen können, zu schützen. Übrig gebliebene Eimasse oder getrenntes Eigelb und Eiweiß können sogar eingefroren werden. Eigelb kann bis zu 2 Wochen im Kühlschrank aufbewahrt werden, wenn es mit einer Schicht Öl bedeckt wird.

Eierrösti

Zutaten
4 Scheiben Weißbrot
30 g Butter
2 Eier
2 EL Sahne
Salz
Muskatnuss, gerieben

Zubereitung

1 Weißbrot in feine Streifen schneiden. Butter in der Pfanne erhitzen, Weißbrot darin unter ständigem Schütteln goldgelb braten.

2 Eier und Sahne verquirlen. Mit Salz und Muskat abschmecken. Über das Weißbrot gießen, unter Rühren stocken lassen. Sofort servieren.

EW	F	KH	kcal/kJ
14 g	22 g	42 g	426/1798

Eier in Estragon-Senf-Sauce

Zutaten
500 g neue Kartoffeln
Salz
6 Eier
1 EL Butter
1 1/2 EL Mehl
300 ml Milch
100 ml Gemüsebrühe
Pfeffer aus der Mühle
2 EL Senf
2 EL Estragonblätter, fein geschnitten

Zubereitung

1 Kartoffeln waschen, mit Schale in Salzwasser ca. 25 Minuten garen. Eier in 7 Minuten wachsweich kochen.

2 Butter in einem Topf erhitzen, Mehl unterrühren, hell anschwitzen, mit Milch und Brühe unter Rühren ablöschen. Mit Salz und Pfeffer pikant abschmecken und Senf einrühren.

3 Kartoffeln abgießen und pellen. Eier abschrecken und pellen. Estragon unter die Sauce ziehen. Pellkartoffeln mit Eiern und Estragon-Senf-Sauce anrichten.

EW	F	KH	kcal/kJ
18 g	15 g	29 g	325/1365

TIPP
Estragon wird in Töpfen vorgezogen und so auf Märkten angeboten. Sollten Sie ihn einmal nicht frisch erhalten, finden Sie ihn in den Gewürzregalen getrocknet und geschnitten sowie in den Tiefkühlabteilungen in gefriergetrockneter Form.

Zutaten
1/2 Bd. Basilikum
200 g kleine, vollreife Tomaten
4 Eier
1 EL Milch
Salz
Pfeffer
2 EL Butterschmalz
100 g Ziegenfrischkäse

Gemüse-Omelett (für 2 Personen)

Zubereitung

1 Basilikum waschen, trockenschütteln und Blättchen von den Stielen zupfen. Ca. 1 TL fein hacken.

2 Tomaten waschen, Stielansätze entfernen und Fruchtfleisch in 1/2 cm dicke Scheiben schneiden.

3 Eier aufschlagen, mit Milch, gehacktem Basilikum, Salz und Pfeffer mit einer Gabel 4–5-mal schlagen. Nicht öfter durchrühren, da die Masse sonst zu schaumig wird.

4 Eine Pfanne erhitzen, Butterschmalz darin erwärmen und die Eimasse schnell in die Mitte der Pfanne gießen. Mit einer Gabel die Masse gleichmäßig verteilen. Die Pfanne bei reduzierter Hitze noch einige Sekunden auf dem Herd stehen lassen, dann das Omelett mit einem Pfannenwender oder mit dem Deckel umdrehen.

5 Omelett mit Tomaten, Käse und Basilikumblättern belegen, Deckel auflegen und Omelett ca. 1 Minute weiterbraten. Das Omelett auf eine vorgewärmte Platte gleiten lassen und servieren.

EW	F	KH	kcal/kJ
11 g	19 g	5 g	232/974

Zutaten
200 g Mehl
150 g Butter
Salz
3 EL Eiswasser
100 g Zucchini
einige Cocktailtomaten
1/2 rote Paprika
100 g Roquefort
2 Eier
2 EL Crème fraîche
grüner Pfeffer aus der Mühle
Paprikapulver edelsüß
Butter für die Förmchen

Pikante Eierküchlein

Zubereitung

1 Mehl, Butter, 1 Prise Salz und Eiswasser schnell verkneten, in Folie wickeln und 45 Minuten kalt stellen.

2 Zucchini waschen, putzen, in dünne Scheiben hobeln und mit 1/2 TL Salz vermischen. Tomaten waschen, halbieren, Paprika in Würfel oder Ringe schneiden.

3 Roquefort, Eier und Crème fraîche gut verquirlen, mit Pfeffer und Paprika würzen.

4 Gefettete Tarteletteförmchen (Durchmesser 8–10 cm) mit Teig auslegen. Zucchinischeiben gut ausdrücken und mit Tomatenhälften und Paprika auf den Böden verteilen. Gemüse mit angerührtem Roquefort übergießen.

5 Tartelettes bei 200 Grad 20–25 Minuten backen, aus der Form stürzen und noch warm servieren.

EW	F	KH	kcal/kJ
14 g	44 g	37 g	598/2511

Getreide

Couscous-Salat (Abb. S. 45)

Zutaten
400 g Möhren
350 g Zucchini
400 g Auberginen
100 g Zwiebeln
3 Knoblauchzehen
Salz
500 ml Gemüsebrühe
2 Döschen Safranfäden (ersatzweise 1 TL Kurkuma)
1 TL Cayennepfeffer
1 Bd. glatte Petersilie
1 Bd. Minze
5 EL Salatöl
2 Zimtstangen
350 g Couscous
80 g Rosinen
200 g fettarmer Jogurt
1 TL Zimtpulver
2 TL Paprikapulver edelsüß

Zubereitung

1 Möhren schälen und in Scheiben schneiden. Zucchini waschen und in 2 cm dicke Scheiben schneiden. Auberginen vierteln und in Scheiben schneiden. Zwiebeln sowie Knoblauch schälen und zerkleinern. Zucchini und Auberginen kräftig mit Salz würzen und 15 Minuten ruhen lassen.

2 Gemüsebrühe mit Safran und Cayennepfeffer aufkochen. Petersilie sowie Minze waschen, von den Stielen zupfen und fein hacken.

3 3 EL Salatöl erhitzen. Zucchini und Auberginen trockentupfen und portionsweise im heißen Öl kräftig anbraten, aus dem Topf nehmen und Knoblauch, Zwiebeln und Zimtstangen ca. 1 Minute im heißen Öl braten.

4 Couscous dazugeben und kurz rösten. Gemüsebrühe, Gemüse und Rosinen hinzufügen und den Topf mit einem Deckel verschließen, Hitze reduzieren und alles 15 Minuten bei mittlerer Hitze garen.

5 Jogurt mit Minze, Salz, Zimtpulver und Paprikapulver verrühren. Couscous mit einem Holzlöffel vorsichtig umrühren, restliches Salatöl und Petersilie unterrühren und auf einer Platte oder einem Teller anrichten. Dazu die Jogurtsauce servieren.

EW	F	KH	kcal/kJ
12 g	21 g	48 g	429/1797

Couscous-Brokkoli-Auflauf

Zutaten
400 g Brokkoli
Salz
1 Stängel Minze
250 g Couscous
1 Chilischote
2 EL Rosinen
1 TL Kreuzkümmel
150 g Crème fraîche
6 EL Sonnenblumenkerne
100 g Schafskäse

Zubereitung

1 Brokkoli säubern und in Röschen teilen. Stiele in Stifte schneiden. Brokkolistifte und -röschen 5 Minuten in Salzwasser blanchieren.

2 Die Minze unter kaltem Wasser abspülen, trockentupfen und hacken. Mit Couscous, Chili, Rosinen, Kreuzkümmel, Crème fraîche, 3 EL Sonnenblumenkernen und 1 Prise Salz vermischen. Anschließend abschmecken.

3 Blanchierten Brokkoli und Couscousmischung in eine feuerfeste Form schichten. Zum Schluss Schafskäse darüberbröseln und mit restlichen Sonnenblumenkernen bestreuen. Auflauf im Backofen bei 200 Grad 10 Minuten überbacken.

EW	F	KH	kcal/kJ
11 g	26 g	19 g	355/1488

Burritos mit Graupenfüllung

Zutaten
80 g Perlgraupen
60 g Hartkäse
1 EL frischer Koriander
70 g Mandelstifte
350 g schwarze Bohnen, gekocht
8 Weizentortillas
Fett für die Form
125 g rote Salsa (Fertigprodukt)

Zubereitung

1 Graupen über Nacht einweichen. Ofen auf 180 Grad vorheizen.

2 Käse reiben und Koriander klein hacken. Graupen, Mandeln, Bohnen, Käse und Koriander vermengen. Mischung gleichmäßig auf die 8 Tortillas verteilen und zusammenrollen.

3 Burritos mit Wasser bestreichen und in eine gefettete Auflaufform geben. Mit Alufolie bedecken und 30 Minuten im Ofen backen.

4 Burritos halbieren und mit roter Salsa warm servieren.

EW	F	KH	kcal/kJ
16 g	16 g	57 g	440/1840

Molke-Müsli mit Äpfeln

Zutaten
200 g Äpfel
4 EL Apfelsaft
2 EL Zitronensaft
2 EL Honig
Zimtpulver
50 g Haferflocken
50 g Mehrkorn-Müslimischung
100 ml Süßmolke
12 g Leinsamen

Zubereitung

1 Äpfel schälen, vierteln und entkernen, dann in mundgerechte Stücke schneiden. Zusammen mit Apfel-, Zitronensaft und Honig kurz aufkochen und ca. 5 Minuten ziehen lassen. Das Kompott abkühlen lassen und mit Zimt abschmecken.

2 Die Haferflocken in einer Pfanne ohne Fett hellbraun rösten. Müslimischung und Haferflocken in der Molke 5 Minuten einweichen, anschließend in einer Schüssel mit den Äpfeln mischen.

3 In tiefen Tellern anrichten und mit Leinsamen bestreuen.

EW	F	KH	kcal/kJ
9 g	6 g	72 g	393/1651

Grünkernauflauf

Zutaten
Für den Auflauf:
100 g Butter
1 EL Öl
200 g Grünkern
750 ml Gemüsebrühe
1 Bd. Frühlingszwiebeln
250 g Tomaten
3 Eier
200 g Gouda, gerieben
80 g Grünkernschrot
1 EL Schnittlauch
1 EL Petersilie, gehackt
Salz, Pfeffer
1 Prise Muskatnuss, gerieben
Fett für die Form
Für die Sauce:
1 Zwiebel
2 Knoblauchzehen
1 EL Olivenöl
1 Dose passierte Tomaten (800 g)
3 EL Parmesan, gerieben
Salz, Pfeffer
1 EL Zucker
3 EL Balsamico-Essig

Zubereitung

1 Für den Auflauf 1 EL Butter und Öl in einem Topf erhitzen und Grünkern darin anrösten. Mit Brühe ablöschen und ca. 50 Minuten ausquellen lassen.

2 Backofen auf 200 Grad vorheizen.

3 Frühlingszwiebeln putzen, waschen und in feine Ringe schneiden. Tomaten putzen, waschen und würfeln. Eier trennen. Gouda, Schrot, restliche Butter, Eigelb, Tomatenwürfel und Kräuter mit Grünkern vermischen und mit Salz, Pfeffer und Muskatnuss würzen. Eiweiß steif schlagen und unterheben. Masse in eine gefettete Kastenform geben und Auflauf ca. 45 Minuten bei 200 Grad backen.

4 Für die Sauce Zwiebel und Knoblauch schälen. Zwiebel würfeln und Knoblauch durchpressen.

5 Olivenöl in einer Pfanne erhitzen. Zwiebelwürfel und Knoblauch darin anbraten. Tomaten zufügen und ca. 10 Minuten garen.

6 Sauce durch ein Sieb passieren. Den Parmesan unterrühren und mit Salz, Pfeffer, Zucker und Balsamico-Essig abschmecken.

7 Grünkernauflauf stürzen, in Scheiben schneiden und mit der Tomatensauce servieren.

EW	F	KH	kcal/kJ
32 g	51 g	54 g	807/3389

Reisbällchen mit Chili-Apfel-Chutney

Zutaten
Für das Chutney:
5 säuerliche Äpfel
2 Zwiebeln
1 grüne Chilischote
Öl zum Braten
5 EL Weißweinessig
5 Gewürznelken
2 EL Öl
1 Lorbeerblatt
1 Zimtstange
Pfeffer, Zucker
Für die Reisbällchen:
200 g Thai-Reis
100 g Brie
1 Ei
2 EL Petersilie, gehackt
1 EL Paniermehl
Salz, Pfeffer
Öl zum Braten

Zubereitung

1 Für das Chutney Äpfel halbieren, schälen, Kerngehäuse herausschneiden und das Fruchtfleisch in Stücke schneiden. Zwiebeln schälen und in Würfel, Chilischote waschen und in feine Ringe schneiden.

2 Zwiebeln in Öl anschwitzen, dann restliche Zutaten bis auf Pfeffer und Zucker zufügen. Alles ca. 8 Minuten weich dünsten und mit Zucker und Pfeffer abschmecken.

3 Für die Reisbällchen Reis kochen, abgießen. Rinde des Bries entfernen und Käse in ca. 1 cm große Würfel schneiden. Restliche Zutaten miteinander verkneten und kräftig mit Salz und Pfeffer abschmecken.

4 Je ein ca. walnussgroßes Stück der Reismischung in die Hand nehmen, ein Stück Brie hineindrücken und zu einer gleichmäßig runden Kugel formen, Hände dabei leicht anfeuchten. Öl in der Pfanne erhitzen, Reisbällchen darin goldgelb braten. Mit Chutney servieren.

EW	F	KH	kcal/kJ
10 g	23 g	58 g	478/2008

TIPP

Auch bei uns werden die raffinierten Chutneys aus Indien immer beliebter. Der aromatische Geschmack von Früchten und Gewürzen verleiht auch einfachen Gerichten wie diesen Reisbällchen eine exotische Note.

Zutaten
je 1 rote und grüne Paprikaschote
1 Stange Lauch
1 Zwiebel
2 Knoblauchzehen
3 EL Olivenöl
200 g Risottoreis
500 ml Gemüsebrühe
1 Döschen Safran (0,1 g)
Salz
Pfeffer aus der Mühle
2 Tomaten
50 g TK-Erbsen
10 schwarze Oliven
200 g geräucherter Tofu
2 EL Petersilie, gehackt
1 Zitrone (unbehandelt), in Schnitze geteilt

Paella mit Tofu

Zubereitung

1 Paprika halbieren, putzen, entkernen, waschen und in kleine Würfel schneiden. Lauch waschen, putzen und die weißen und hellgrünen Teile in Ringe schneiden. Zwiebel und Knoblauch schälen und fein hacken.

2 In einer großen Pfanne 2 EL Öl erhitzen und Zwiebel und Knoblauch darin glasig dünsten. Paprika, Lauch und Reis zugeben und einige Minuten mitdünsten. Brühe angießen, Safran einrühren, salzen, pfeffern und zugedeckt 10 Minuten köcheln lassen.

3 Tomaten einige Sekunden mit heißem Wasser überbrühen, häuten, vierteln, entkernen und würfeln. Tomaten mit Erbsen und Oliven in die Pfanne geben und weitere 10 Minuten garen.

4 Tofu in kleine Würfel schneiden und im restlichen Öl rundum ca. 3 Minuten anbraten.

5 Tofu unter die Paella mischen, abschmecken und mit der gehackten Petersilie bestreuen, noch 5 Minuten zugedeckt ziehen lassen.

6 Paella mit Zitronenspalten garniert servieren.

TIPP

Paella ist das Nationalgericht von Valencia und der spanischen Ostküste. Die Bezeichnung »Paella« wird aber auch für Pfannengerichte mit Reis in den verschiedensten Variationen verwendet.

EW	F	KH	kcal/kJ
16 g	16 g	62 g	469/1970

Gemüse mit Grünkernklößen

Zutaten
Für die Grünkernklößchen:
250 ml Gemüsebrühe
50 g Butter
150 g Grünkernschrot
2 Eier
Salz
Pfeffer aus der Mühle
Für das Gemüseragout:
2 Frühlingszwiebeln
500 g weißer Spargel
2 Möhren
1 Kohlrabi
2 EL Butter
150 g TK-Erbsen
300 ml Gemüsebrühe
100 ml Milch
50 g Sahne
50 ml Weißwein
40 g Weizenmehl
Salz
Pfeffer aus der Mühle
Muskatnuss, gerieben
2 TL Zitronensaft
Petersilie zum Garnieren

Zubereitung

1 Brühe und Butter aufkochen. Grünkern zugeben und 2 Minuten kräftig rühren, bis der Teig einen Kloß bildet und ein Belag den Topfboden bedeckt.

2 Teig etwas abkühlen lassen, dann nacheinander die Eier einrühren, mit Salz und Pfeffer abschmecken.

3 Die Frühlingszwiebeln waschen, putzen und in Ringe schneiden. Spargel schälen, Enden abschneiden und in ca. 5 cm lange Stücke schneiden. Möhren und Kohlrabi schälen, in Stifte schneiden.

4 Frühlingszwiebeln in Butter anschwitzen. Spargel, Möhren und Kohlrabi zugeben, Brühe angießen und 10 Minuten dünsten. Erbsen die letzten 5 Minuten zugeben.

5 Für die Klößchen 2 Liter Wasser mit 2 TL Salz aufkochen. Mit einem nassen Esslöffel vom Teig 12 Klößchen abstechen. Bei niedriger Hitze und geschlossenem Deckel 10 Minuten garen.

6 Milch, Sahne und Weißwein mit Weizenmehl glatt rühren und unter das Gemüse rühren, aufkochen und binden lassen. Mit Salz, Pfeffer, Muskat und Zitronensaft würzen, mit den Klößchen anrichten und mit Petersilie garniert servieren.

EW	F	KH	kcal/kJ
17 g	24 g	45 g	479/2012

Kerniges Mangoldgratin

Zutaten
1 kg Mangold
Salz
50 g kernige Haferflocken
Cayennepfeffer
Butter für die Form
100 g Roquefort
80 ml Milch
80 g Sahne
schwarzer Pfeffer aus der Mühle

TIPP
Belegen Sie das Gratin mit unterschiedlichen Käsesorten – so ist für jeden Geschmack etwas dabei.

Zubereitung

1 Mangold putzen, Blätter von den Stielen trennen. Stiele 8 Minuten und Blätter ca. 2 Minuten in kochendem Salzwasser blanchieren. Gut abtropfen lassen.

2 Haferflocken in einer beschichteten Pfanne ohne Fett rösten. Mit Salz und Cayennepfeffer würzen.

3 Eine flache Gratinform mit Butter ausfetten. Mangoldstiele und -blätter in die Form legen. Roquefort darüberbröseln.

4 Backofen auf 175 Grad vorheizen. Milch und Sahne verrühren. Mit Salz, schwarzem Pfeffer und Cayennepfeffer kräftig abschmecken. Sauce über das Gemüse gießen und mit gerösteten Haferflocken bestreuen. Auf der mittleren Einschubleiste im Backofen ca. 20 Minuten überbacken.

EW	F	KH	kcal/kJ
15 g	16 g	11 g	248/1042

Haferflocken-Gemüse-Röllchen mit Dip (für 20 Stück)

Zutaten
Für den Dip:
125 g Magerquark
50 g Schmand
50 ml Buttermilch
4 geh. EL Kräuter (z. B. Petersilie, Schnittlauch)
3 EL Instantflocken
Paprikapulver edelsüß
Salz
Pfeffer
Für die Gemüseröllchen:
300 g Kartoffeln
250 g Möhren
250 g Kohlrabi
1 große Zwiebel
2 EL Pflanzencreme mit Butteraroma
2 Knoblauchzehen
Salz
Pfeffer
Chilipulver
Muskatnuss
1 Ei
80 g blütenzarte Haferflocken
50 g Parmesan, gerieben

Zubereitung

1 Für den Dip Quark, Schmand, Buttermilch, Kräuter und Instantflocken vermengen und mit Paprikapulver, Salz und Pfeffer abschmecken. Kühl stellen.

2 Für die Röllchen geschälte Kartoffeln, Möhren, Kohlrabi sowie Zwiebel grob raspeln oder mit dem Stabmixer zerkleinern und in 1 EL Pflanzencreme andünsten.

3 Geschälten Knoblauch dazupressen. Mit Salz, Pfeffer, Chilipulver und Muskatnuss würzen und etwas abkühlen lassen.

4 Unter die Gemüsemasse Ei, Haferflocken und Parmesan mischen. Aus der Masse 20 Röllchen formen und gut auspressen.

5 1 EL Pflanzencreme in einer Pfanne erhitzen, die Röllchen darin etwa 6 Minuten goldbraun braten und mit dem Dip servieren.

EW	F	KH	kcal/kJ
4 g	7 g	3 g	71/298

TIPP
Für Instantflocken werden gemahlene Haferkerne (Hafervollkornmehl) zu sofort löslichen, hauchzarten Flocken verarbeitet, die sich in kalten und heißen Flüssigkeiten schnell auflösen.

Rote-Bete-Taler mit Dip

Zutaten
Für den Dip:
60 g Haselnusskerne, gehackt
2 TL Nussöl
Salz
Pfeffer
250 g Naturjogurt
Für die Taler:
600 g Rote Bete
Salz
2 Eier
Pfeffer
250 g kernige Haferflocken
Butterschmalz

TIPP
Ein grüner Salat in einer Kräuter-Vinaigrette ist eine köstliche Beilage für diesen Snack.

Zubereitung
1 Nüsse, Öl, Salz und Pfeffer unter den Jogurt rühren.
2 Rote Bete schälen und in 1 cm dicke Scheiben schneiden. In Salzwasser ca. 20 Minuten garen, abkühlen lassen. Eier verquirlen und würzen. Die Rote-Bete-Scheiben durch die Eier ziehen und mit Haferflocken panieren.
3 Rote-Bete-Taler im Butterschmalz knusprig braten. Auf Küchenpapier abtropfen lassen und zusammen mit dem Dip servieren.

EW	F	KH	kcal/kJ
18 g	20 g	53 g	464/1942

Grünkernfrikadellen

Zutaten
250 g Grünkernschrot
1/2 l Gemüsebrühe
1 kleine Möhre
1 Stück Sellerie
1/2 Stange Lauch
4 große Champignons
1 Zwiebel
1 Knoblauchzehe
25 g Butter, 2 Eier
5 EL Naturreis, gekocht
Majoran, Currypulver
Pfeffer aus der Mühle
Fett zum Braten

Zubereitung
1 Grünkern in die kochende Brühe rühren, mehrmals aufkochen lassen, dann 20 Minuten ausquellen lassen.
2 Gemüse putzen, sehr klein schneiden. Zwiebel und Knoblauch schälen und fein hacken. In der Butter glasig braten, Gemüse zugeben und weich dünsten.
3 Gemüse, Eier und Reis unter den Grünkern mischen, mit Majoran, Curry und Pfeffer abschmecken. Aus der Masse Bratlinge formen und in heißem Fett beidseitig goldbraun ausbacken.

EW	F	KH	kcal/kJ
13 g	19 g	55 g	445/1869

Gebratener Reis mit Eiern

Zutaten
400 g Reis
Salz
12 frische Eier
4 TL Sojasauce
2 TL Schrimpspaste
schwarzer Pfeffer aus der Mühle
8 Frühlingszwiebeln
2 Bd. Basilikum
4 grüne Paprikaschoten
4 kleine rote Chilischoten
16 EL Sesamöl

Zubereitung

1 Reis evtl. waschen, in ca. 800 ml Salzwasser bissfest garen. Inzwischen Eier aufschlagen, mit Sojasauce, Schrimpspaste, Salz sowie etwas Pfeffer gut verquirlen.

2 Frühlingszwiebeln putzen, waschen und in schräge Ringe schneiden. Basilikum waschen, trockenschütteln, Blättchen von den Stielen zupfen und einige Blättchen zum Garnieren beiseite legen. Restliche Basilikumblättchen mit einem scharfen Messer in Streifen schneiden.

3 Paprika- und Chilischoten waschen, halbieren, Kerne sowie weiße Innenhäute entfernen und Fruchtfleisch in feine Würfel schneiden.

4 Pfanne erhitzen, Öl hineingeben und Paprika- sowie Chiliwürfel und Frühlingszwiebeln darin kurz anbraten.

5 Reis vom Herd nehmen, zum Gemüse geben und ca. 1/2 Minute mitbraten. Verquirlte Eier sowie Basilikumstreifen dazugeben und unter ständigem Rühren ca. 1/2 Minute braten.

6 Gebratenen Reis mit den restlichen Basilikumblättchen garnieren.

EW	F	KH	kcal/kJ
35 g	63 g	89 g	1070/4494

GETREIDE

Zutaten
200 g Quinoa
600 ml Gemüsebrühe
2 Möhren
2 EL Olivenöl
2 Eier
3 EL Sonnenblumenkerne, geröstet
3 EL gemischte Kräuter, gehackt
Salz
Pfeffer
Koriander
Cayennepfeffer
4 EL Paniermehl
Öl
Blattsalat
100 g Jogurt
100 g Crème fraîche

TIPP

Crème fraîche ist ein Sauermilchprodukt, welches aus Sahne hergestellt wird und mindestens 30 % Fett enthält und maximal 15 % Zucker. Aufgrund ihrer Beschaffenheit flockt die Creme sogar in heißen Speisen nicht aus. Crème fraîche wird im Handel natur oder mit verschiedenen Zusätzen, wie Kräutern, Gewürzen, Knoblauch oder Tomaten, angeboten.

Quinoa-Bratlinge

Zubereitung

1 Quinoa mit Gemüsebrühe 20–25 Minuten garen und abkühlen lassen.

2 Möhren schälen und grob raspeln. Olivenöl in einer Pfanne erhitzen und die Möhrenraspel kurz darin andünsten. Mit Eiern, Sonnenblumenkernen, Kräutern, Gewürzen und Paniermehl unter die Quinoa rühren.

3 Öl in einer Pfanne erhitzen, Quinoamasse zu Bratlingen formen und nacheinander im heißen Öl rundherum braten.

4 Blattsalat waschen und in Stücke zupfen. Jogurt mit Crème fraîche verrühren und mit Salz und Pfeffer abschmecken. Bratlinge auf einem Bett aus Blattsalat anrichten und mit Jogurtdip servieren.

EW	F	KH	kcal/kJ
17 g	35 g	43 g	553/2323

Wildreisrisotto mit Mandeln und Frühlingsgemüse

Zutaten
2 Knoblauchzehen
1 Stange Lauch
65 g junge Möhren
8 Stangen Spargel (Dose)
1 Tasse Mandelblättchen
4 Tassen Gemüsebrühe
Salz
1/2 TL Pfeffer
3 EL Butter oder Olivenöl
1 Tasse brauner Reis
1/2 Tasse Wildreis
3/4 Tasse Erbsen (frisch oder tiefgekühlt)

Zubereitung

1 Knoblauchzehen schälen und hacken. Weißen und hellgrünen Teil vom Lauch putzen, längs halbieren, in Ringe schneiden und waschen. Möhren putzen, waschen und würfeln. Spargel abschütten und in 2 1/2 cm lange Stücke schneiden. Mandelblättchen in einer beschichteten Pfanne ohne Fett goldbraun rösten.

2 Brühe in einem Kochtopf mit Salz und Pfeffer bei mittlerer Hitze erhitzen und zum Köcheln bringen. Hitze reduzieren.

3 Butter oder Olivenöl in einer großen Pfanne bei mittlerer Hitze erwärmen. Knoblauch und Lauch hinzufügen und ca. 4 Minuten dünsten. Reis und Möhren unterrühren. Heiße Brühe hinzufügen. Dabei jeweils nur 1 Tasse und nur dann nachgießen, wenn der Reis die Flüssigkeit aufgesogen hat.

4 Spargel und Erbsen dazugeben, wenn nur noch ca. 1 Tasse Brühe übrig ist. Mandeln erst kurz vor dem Servieren unterrühren, damit sie knusprig bleiben.

EW	F	KH	kcal/kJ
22 g	30 g	68 g	610/2562

Mediterrane Zucchini-Reis-Pfanne (für 3 Personen)

Zutaten
1 Zucchini
1 rote Paprikaschote
4 EL Öl »Sonne & Olive« (z. B. von Thomy)
125 g Reis
1 Beutel MAGGI fix & frisch Zucchini-Pfanne »mediterran«
200 g Feta, 1 Ei
3 EL Paniermehl

TIPP
Anstelle der Paprikaschote können Sie auch 2 in Scheiben geschnittene Möhren oder 200 g geviertelte Champignons verwenden.

Zubereitung

1 Zucchini putzen, waschen und in Scheiben schneiden. Paprika waschen, von Kernen und weißen Innenhäuten befreien und in Würfel schneiden.

2 In einer Pfanne 1 EL Öl erhitzen und Zucchini sowie Paprika darin andünsten. Reis zugeben und mitdünsten. Anschließend 600 ml Wasser zugießen und MAGGI fix & frisch einrühren. Zum Kochen bringen und alles zugedeckt bei geringer Wärmezufuhr ca. 25 Minuten garen, dabei gelegentlich umrühren.

3 Feta in 2 cm dicke Streifen schneiden. Ei verquirlen, Fetasticks darin wenden und in Paniermehl panieren.

4 In einer zweiten Pfanne restliches Öl erhitzen und Käsesticks darin goldgelb braten.

5 Reispfanne auf 3 Tellern verteilen und die Fetasticks darauf anrichten.

EW	F	KH	kcal/kJ
21 g	32 g	48 g	571/2386

Zutaten
2 Eier
750 g Magerquark
150 g Instantflocken
200 g Camembert
Salz
Pfeffer
Paprikapulver edelsüß
1 Zwiebel
1 EL Margarine
750 g Blattspinat
Muskatnuss, gerieben
1 Bd. Petersilie, gehackt
3 EL kernige Haferflocken

Quarkknödel auf Blattspinat

Zubereitung

1 Eier mit Quark und Instantflocken verrühren. Camembert halbieren, eine Hälfte in 12 Stücke teilen, die andere Hälfte klein geschnitten zur Quarkmasse geben. Kräftig mit Salz, Pfeffer und Paprika abschmecken.

2 Mit nassen Händen 12 kleine Knödel formen und je 1 Käsewürfel in die Mitte stecken. Knödel in kochendes Salzwasser geben und ca. 20 Minuten köcheln lassen.

3 Zwiebel schälen, hacken und in der heißen Margarine andünsten. Spinat hinzufügen und mit Salz, Pfeffer und Muskat würzen.

4 Knödel auf dem Spinatbett mit Petersilie und Haferflocken bestreut servieren.

EW	F	KH	kcal/kJ
53 g	19 g	19 g	459/1921

TIPP

Frischer Spinat wird entweder mit (Wurzelspinat) oder ohne Wurzel (Blattspinat) angeboten. Daran kann man erkennen, ob er handgeerntet (ohne Wurzel) oder maschinengeerntet (mit Wurzel) ist.

Gerstensuppe mit Gemüse

Zutaten
1 Zwiebel
1/4 Knolle Sellerie
2 Möhren
1 Stange Lauch
4 Wirsingblätter
3 Kartoffeln
1 EL Butter
50 g Gerstenschrot
Salz, 1 Prise Pfeffer
1 Eigelb, 125 g Sahne
Schnittlauch, gehackt

Zubereitung

1 Gemüse putzen und in Würfel schneiden. In heiß schäumender Butter Zwiebelwürfel glasig dünsten und übriges Gemüse mit Gerste zufügen. Mit 1 1/2 l Wasser auffüllen. Mit den Gewürzen aromatisieren und ca. 1 1/2 Stunden bei schwacher Hitze köcheln.

2 Suppe mit Eigelb und Sahne legieren. Gehackten Schnittlauch darüberstreuen.

EW	F	KH	kcal/kJ
6 g	14 g	20 g	231/970

Bulgursalat mit mariniertem Schafskäse

Zutaten
250 ml Gemüsebrühe
Salz
125 g grober Bulgur
2 Knoblauchzehen
2 Stängel Oregano
1 kleiner Zweig Rosmarin
3 Stängel Thymian
1 Zitrone
5–6 EL Rapsöl
schwarzer Pfeffer aus der Mühle
200 g Feta
500 g Tomaten
250 g Salatgurke
100 g Gemüsezwiebel
Zitrone zum Garnieren

Zubereitung

1 Brühe und 1/2 TL Salz aufkochen, Bulgur zufügen und mit geschlossenem Deckel bei niedriger Hitze 10–12 Minuten köcheln lassen. Wenn alle Flüssigkeit aufgenommen ist, Bulgur in eine Schüssel geben und auskühlen lassen.

2 Inzwischen Knoblauch schälen und durchpressen. Kräuter waschen, trockenschütteln und, bis auf etwas zum Garnieren, grob hacken.

3 Zitrone auspressen und Saft mit Knoblauch, Kräutern und Rapsöl verrühren. Mit Pfeffer würzen.

4 Feta in Würfel schneiden und mit der Marinade mischen. Durchziehen lassen.

5 Tomaten und Gurke putzen und waschen. Tomaten in Scheiben schneiden. Gurke in längliche, hauchdünne Scheiben hobeln. Zwiebel schälen und in feine Spalten schneiden. Gurke, Tomaten und Zwiebel mischen und mit Salz und Pfeffer würzen. Bulgur und marinierten Schafskäse mit der Marinade unterheben.

6 Salat auf Tellern anrichten und mit Zitrone und Kräutern garnieren.

EW	F	KH	kcal/kJ
14 g	22 g	25 g	360/1510

Buchweizen-Bratlinge

Zutaten
500 ml Gemüsebrühe
250 g Buchweizenschrot
1 Zwiebel
1 kleine Möhre
100 g Sellerie
1/2 Stange Lauch
50 g gemischte Kräuter, gehackt
3 Eier
50 g Buchweizenmehl
Öl
Schnittlauchröllchen
80 g Wildpreiselbeeren

Zubereitung

1 Gemüsebrühe zum Kochen bringen und Buchweizenschrot einrühren. Alles aufkochen und ca. 20 Minuten quellen lassen.

2 Zwiebel schälen und fein würfeln. Möhre und Sellerie schälen, Lauch putzen und alles waschen. Möhre und Sellerie in Würfel und Lauch in Streifen schneiden.

3 Kräuter, Eier, Buchweizenmehl und klein geschnittenes Gemüse zur Buchweizenmasse geben. Aus dem Teig kleine Bratlinge formen.

4 Öl in einer Pfanne erhitzen und darin nach und nach Bratlinge ausbacken.

5 Bratlinge mit Schnittlauchröllchen bestreuen und mit den Wildpreiselbeeren servieren.

EW	F	KH	kcal/kJ
14 g	7 g	65 g	388/1630

Kartoffeln

Kartoffelspieße (Abb. S. 61, für 16 Stück)

Zutaten
800 g kleine neue fest kochende Kartoffeln, Salz
1 großes Bd. Kerbel (ca. 30 g)
125 g Butter
125 g Frischkäse
2 EL Meerrettich, gerieben, Pfeffer
4 Zitronen (unbehandelt)
frische Lorbeerblätter
flüssige Butter zum Bestreichen

TIPP
Wässern Sie die Spieße vor Gebrauch, damit sie später weniger verbrennen.

Zubereitung

1 Kartoffeln säubern, halbieren und in Salzwasser 10-12 Minuten fast gar kochen. Anschließend abgießen und abschrecken.

2 Kerbel waschen und trockenschütteln, Blättchen abzupfen und grob hacken. Butter, Frischkäse und Meerrettich mischen, Kerbel unterrühren und mit Salz und Pfeffer abschmecken.

3 Zitronen halbieren, jede Hälfte vierteln. Zitronenstücke zusammen mit den Kartoffeln und Lorbeerblättern abwechselnd auf Holzspieße stecken, alles mit zerlassener Butter bestreichen und leicht salzen.

4 Am Rand des Grills 6–8 Minuten grillen, bis die Kartoffeln leicht gebräunt sind, dabei zwei- oder dreimal wenden und jedes Mal mit Butter bestreichen.

5 Fertige Kartoffelspieße mit der Kerbelcreme servieren.

EW	F	KH	kcal/kJ
2 g	11 g	11 g	153/640

Kartoffel-Kürbis-Quiche

Zutaten
100 g Butter in Flöckchen
Salz
200 g Mehl
750 g mehlig kochende Kartoffeln
1,5 kg Kürbis
2 rote Paprikaschoten
1 Bd. Frühlingszwiebeln
1 Chilischote
2 EL Öl
Fett für die Form
30 g mittelalter Gouda
4 Eier
250 ml Milch
Pfeffer

Zubereitung

1 Butter, 1/4 TL Salz, Mehl und 1–2 EL kaltes Wasser zu einem glatten Teig verarbeiten. In Folie wickeln und ca. 30 Minuten kalt stellen.

2 Kartoffeln schälen, halbieren und in Salzwasser ca. 20 Minuten garen.

3 Kürbis in Spalten schneiden, entkernen und schälen. Fruchtfleisch in Stücke schneiden. Paprika und Frühlingszwiebeln putzen, waschen, in Stücke schneiden. Chili entkernen, fein hacken.

4 Öl erhitzen. Kürbis und Paprika darin ca. 5 Minuten braten. Mit Salz und Chili würzen. Zwiebeln zufügen.

5 Teig rund ausrollen. In eine gefettete Auflaufform legen. Ränder andrücken.

6 Backofen auf 200 Grad vorheizen. Vorbereitete Zutaten mischen und in der Form verteilen. Käse reiben. Eier, Milch und Käse verquirlen. Mit Salz und Pfeffer würzen. Über die Quichefüllung gießen und Quiche ca. 45 Minuten im Ofen garen.

EW	F	KH	kcal/kJ
27 g	40 g	90 g	835/3507

Lauwarmer Gemüsesalat

Zubereitung

1 Reichlich Salzwasser zum Kochen bringen. Kartoffeln schälen und längs in Spalten schneiden. Spargel schälen und in 3–4 cm lange, schräge Stücke schneiden. Kohlrabi putzen, waschen und in etwa 1/2 cm dicke Stifte schneiden.

2 Kartoffelspalten in das kochende Wasser geben. Nach 5 Minuten Spargel und Kohlrabi dazugeben und für weitere 10 Minuten mitgaren. Gemüse in ein Sieb gießen und abtropfen lassen.

3 Während das Gemüse kocht, Knoblauch und Schalotte schälen und hacken. Rote Zwiebeln schälen und in feine Ringe schneiden. Petersilie waschen, Blätter abzupfen und grob hacken.

4 Butter schmelzen, Knoblauch- und Schalottenwürfel darin anschwitzen. Mit Apfelsaft und Essig ablöschen. Mit Salz, Pfeffer und Zucker abschmecken.

5 Marinade mit dem noch heißen Gemüse mischen, Petersilie und rote Zwiebeln unterheben und lauwarm servieren.

EW	F	KH	kcal/kJ
6 g	16 g	27 g	285/1194

Zutaten

Salz
500 g kleine fest kochende Kartoffeln
1 Bd. grüner Spargel
1 Bd. weißer Spargel
2 Kohlrabi
2 Knoblauchzehen
1 Schalotte
2 rote Zwiebeln
1 Bd. glatte Petersilie
75 g Butter
100 ml Apfelsaft
5 EL Apfelessig
Pfeffer
Zucker

Kartoffelröllchen (für 40 Stück)

Zutaten
Für den Teig:
1 kg mehlig kochende Kartoffeln
2 Eier
1 TL Salz
200 g Mehl
Für die Füllung:
400 g Zwiebeln
3 Stängel Petersilie
2 Stängel Majoran
60 g Butterschmalz
Salz
Pfeffer
Mehl für die Arbeitsfläche
100 g Walnusskerne
250 g Sahne
3 Eier
2 EL Schmand

Zubereitung

1 Kartoffeln waschen und bei 180–200 Grad ca. 1 Stunde im Ofen backen. Schälen, durch eine Kartoffelpresse drücken und erkalten lassen.

2 Eier, Salz und Mehl dazugeben, zu einem glatten Teig verkneten und ca. 15 Minuten ruhen lassen.

3 Zwiebeln schälen und fein hacken. Kräuter waschen, trockentupfen, Blättchen abzupfen und fein hacken. 20 g Butterschmalz erhitzen, Zwiebeln und Kräuter 5 Minuten bei geringer Hitze darin anschwitzen. Mit Salz und Pfeffer würzen und abkühlen lassen.

4 Teig auf einer bemehlten Arbeitsfläche zu einer 5 mm dicken, ca. 80 x 30 cm großen Platte ausrollen. Zwiebel-Kräuter-Masse darauf verstreichen. Walnüsse klein hacken und darüberstreuen. Teigplatte vorsichtig aufrollen und in 1–2 cm dicke Scheiben schneiden. Im restlichen Butterschmalz auf jeder Seite ca. 2 Minuten braten.

5 Sahne mit Eiern und Schmand verquirlen, mit Salz und Pfeffer würzen. Kartoffelschnecken in kleine Förmchen setzen und Sahneguss um die Röllchen gießen. Förmchen in den Ofen geben und bei 180 Grad 15 Minuten backen.

EW	F	KH	kcal/kJ
3 g	6 g	8 g	78/327

Kartoffelkuchen

Zubereitung

1 Kartoffeln schälen und grob raspeln. Zwiebel und Knoblauch schälen und fein hacken. Petersilie waschen und fein wiegen. Käse reiben. Alles in eine Schüssel geben.

2 Milch, saure Sahne, Eier, Salz und Cayennepfeffer hinzufügen und alles vermischen.

3 Backofen auf 160 Grad vorheizen. Für den Teig weiche Butter, Salz, Zitronenschale, je 1 kräftige Prise Muskat und Cayennepfeffer mit den Quirlen des Handrührgerätes schaumig rühren. Ei und Crème fraîche untermischen. Dinkelmehl mit Backpulver vermischen, durch ein Sieb über den Teig streuen und zusammen mit der Milch unterrühren. Springform (26 cm Durchmesser) fetten, Teig hineingeben und glatt streichen. Füllung darauf verteilen.

4 Im heißen Backofen ca. 50 Minuten backen. Herausnehmen, in der Form 10 Minuten abkühlen lassen. Aus der Form nehmen und auf einem Kuchengitter völlig auskühlen lassen.

EW	F	KH	kcal/kJ
7 g	15 g	19 g	240/1000

Zutaten

Für den Belag:
600 g Pellkartoffeln vom Vortag
1 große Zwiebel
1 Knoblauchzehe
1 Bd. Petersilie
50 g Appenzeller Käse
3 EL Milch
250 g saure Sahne
2 Eier
Salz
Cayennepfeffer

Für den Teig:
100 g Butter
Salz
abgeriebene Schale von 1 Zitrone (unbehandelt)
Muskatnuss, gerieben
Cayennepfeffer
1 Ei, 50 g Crème fraîche
150 g Dinkelmehl
1/4 TL Backpulver
ca. 4 EL Milch
Fett für die Form

TIPP

Würziger schmeckt der Belag, wenn man noch 100 g geriebenen Parmesan untermischt. Auch gut: 1 rote, fein gewürfelte Paprikaschote in Olivenöl anrösten und abgekühlt unter den Belag mischen. Dazu einen Cabernet Sauvignon aus dem Trentino servieren.

Kartoffeln mit Gorgonzola

Zutaten
4 große fest kochende Kartoffeln mit Schale
125 g Gorgonzola, zerkrümelt
50 g Pecorino, geraspelt
1 TL Rosmarin, fein gehackt
3–4 EL Sojacreme
Pfeffer, Salz
2 EL Margarine

TIPP
100 g rohe und ungeschälte Kartoffeln haben nur 70 kcal. Sie bestehen nämlich zum größten Teil (ca. 80 %) aus Wasser. Dazu kommen 2 g Eiweiß, dem trotz des relativ geringen Anteils eine große Bedeutung zugesprochen werden kann, da es reich an essenziellen Aminosäuren ist, sowie 0,1 g Fett, 15,4 g Kohlenhydrate und 2,5 g Ballaststoffe. Ergänzt wird dies durch Vitamine und Mineralstoffe.

Zubereitung

1 Backofen auf 225 Grad vorheizen.

2 Kartoffeln säubern, trocknen und einzeln in Aluminiumfolie verpacken.

3 Kartoffeln ca. 1 Stunde im Backofen garen, herausnehmen, Folie öffnen und abkühlen lassen.

4 Von der Oberseite der Kartoffeln ein Stückchen abschneiden. Kartoffeln etwas aushöhlen und entnommene Kartoffelstücke mit Gorgonzola, Pecorino, Rosmarin und Sojacreme mischen. Mischung mit Pfeffer und Salz würzen, in die Kartoffeln füllen und Margarine darüber verteilen.

5 Kartoffeln nebeneinander in eine Auflaufform legen und ca. 10 Minuten im heißen Backofen gratinieren.

EW	F	KH	kcal/kJ
15 g	18 g	36 g	367/1541

Gorgonzolagnocchi

Zutaten
800 g mehlig kochende Kartoffeln
Salz
ca. 250 g Mehl
Mehl für die Arbeitsfläche

Zubereitung

1 Kartoffeln waschen und in Salzwasser 25–30 Minuten weich kochen. Abgießen, schälen und noch heiß durch eine Kartoffelpresse in eine Schüssel drücken. Leicht salzen.

2 Mehl nach und nach mit dem Kartoffelteig verkneten, bis ein glatter Teig entstanden ist, der nicht mehr klebt. Die Menge des benötigten Mehls hängt von der verwendeten Kartoffelsorte ab.

3 Gnocchiteig auf einer leicht bemehlten Arbeitsfläche in 6 Teile teilen. Diese jeweils zu daumendicken Rollen formen und 3 cm lange Stückchen abtrennen. Mit einer Gabel ein leichtes Muster in die Gnocchi drücken.

4 Wenn der Teig aufgebraucht ist, Gnocchi portionsweise in siedendem Salzwasser ziehen lassen, bis sie an der Oberfläche schwimmen. Mit einem Schaumlöffel herausheben.

5 Gnocchi bis zur weiteren Verwendung zudecken und warm stellen.

6 Gorgonzola zerbröckeln und mit Sahne und Gemüsebrühe bei mittlerer Hitze cremig einkochen. Mit Salz, Pfeffer und Muskat würzen.

7 Rucola in feine Streifen schneiden.

8 Rucolastreifen in die Sauce geben und erwärmen. Die Gnocchi mit der Sauce und dem Rucola auf Tellern anrichten und mit Parmesan bestreut servieren.

EW	F	KH	kcal/kJ
27 g	36 g	75 g	744/1042

200 g Gorgonzola
150 g Sahne
200 g Gemüsebrühe
Pfeffer aus der Mühle
Muskatnuss, gerieben
5 EL Rucola
Rucola zum Garnieren
70 g Parmesan, gerieben

TIPP

Gnocchi sind eine italienische kulinarische Spezialität. In ihrem Heimatland werden sie für gewöhnlich, ähnlich wie Nudeln, als erster Hauptgang vor dem Fleischgang gereicht.

Zutaten
400 g fest kochende Kartoffeln
250 g Rote Bete
400 g Kürbis
2 EL Olivenöl, 2 EL Butter
Salz, Pfeffer
1 TL gemahlener Mohn
600 g Raclettekäse

Kartoffelraclette mit Roter Bete, Kürbis und Mohn

Zubereitung

1 Backofen auf 200 Grad vorheizen. Kartoffeln mit der Schale garen.

2 Rote Bete schälen, in dicke Spalten schneiden. Kürbis schälen, halbieren, entkernen und in 2–3 cm große Würfel schneiden.

3 Olivenöl und Butter im Bräter oder auf einem tiefen Blech zerlassen. Kürbis und Rote Bete in den Bräter geben, mit Salz und Pfeffer würzen, ca. 30 Minuten im Ofen garen. Immer wieder wenden, kurz vor Schluss den Mohn zugeben. Aus dem Ofen nehmen und abkühlen lassen.

4 Raclettekäse in Scheiben schneiden. Kartoffeln pellen, die größeren der Länge nach halbieren. Rote-Bete-Kürbis-Gemüse und Kartoffeln in Portionspfännchen verteilen, mit Käsescheiben belegen und 5 Minuten überbacken.

TIPP

Raclettekäse gehört zur Gruppe der Schnittkäse. Durch den Fettgehalt von 50 % i. Tr. ist er zum Überbacken bestens geeignet. Außerdem verleiht er mit seinem pikanten Geschmack und seiner intensiven Geruchsnote jedem Raclette ein besonderes Aroma.

EW	F	KH	kcal/kJ
46 g	37 g	24 g	615/2583

Geschäumte Kartoffelsuppe mit Basilikumrauten

Zutaten
200 g mehlig kochende Kartoffeln
Salz
1 große Zwiebel
5 EL Butterschmalz
1/4 l Weißwein
1 l Gemüsebrühe
Pfeffer
Muskatnuss, gerieben
1 Lorbeerblatt
3–4 Stängel Thymian
50 g Sahne
1 Ei
1 EL Milch
25 g Mehl
1/2 Msp. Backpulver
5 Basilikumblättchen
Butterschmalz und Mehl für die Form

Zubereitung

1 Kartoffeln mit Schale in Salzwasser gar kochen, pellen und grob würfeln. Zwiebel schälen, fein würfeln und in 2 EL Butterschmalz goldgelb anbraten. Kartoffeln zufügen und mit Weißwein ablöschen. Brühe angießen und mit Salz, Pfeffer und Muskat abschmecken. Lorbeerblatt zugeben und 5 Minuten köcheln lassen. Lorbeerblatt entfernen. Thymianblättchen von den Stielen zupfen, mit Sahne in die Suppe geben und alles mit einem Pürierstab aufschäumen.

2 Backofen auf 175 Grad vorheizen.

3 Für die Basilikumrauten Ei trennen. Eiweiß steif schlagen. Eigelb mit 1 Prise Salz und Milch schaumig rühren und mit restlichem weichen Butterschmalz vermengen. Mehl mit Backpulver mischen und hinzufügen. Eischnee vorsichtig unterheben. Basilikum in feine Streifen schneiden und unter die Biskuitmasse geben. Teig in eine kleine gefettete und bemehlte Form geben und 15–20 Minuten backen. Nach Erkalten in Rauten schneiden und zur Suppe reichen.

EW	F	KH	kcal/kJ
5 g	18 g	14 g	263/1105

TIPP
1 EL Tomatenmark oder etwas Curry anstatt Basilikum färbt die Rauten rot bzw. gelb.

Kartoffel-Käse-Schnecken

(für 20 Stück)

Zutaten

600 g mehlig kochende Kartoffeln
1 Bd. Majoran
6 EL Instantflocken
4 Eigelb
Salz
Pfeffer
Paprikapulver edelsüß
Kartoffelstärke zum Ausrollen
200 g mittelalter Gouda, in dünnen Scheiben
Fett für das Blech
1–2 EL Milch
50 g mittelalter Gouda, gerieben
gemischter Salat als Beilage

Zubereitung

1 Kartoffeln kochen, abgießen, abschrecken, pellen und auskühlen lassen. Backofen auf 200 Grad vorheizen.

2 Majoran waschen, trockenschütteln und hacken. Kartoffeln durch eine Kartoffelpresse drücken, mit Instantflocken und 2 Eigelb zu einem festen Teig verkneten, mit Salz, Pfeffer und Paprika kräftig würzen.

3 Einen großen Gefrierbeutel aufschneiden und mit Stärke bestäuben. Kartoffelteig darauf zu einem ca. 1/2 cm dicken Rechteck (ca. 15 x 30 cm) ausrollen. Teig mit Goudascheiben belegen und mit Majoran bestreuen. Teig aufrollen und in Scheiben schneiden.

4 Kartoffel-Käse-Schnecken auf ein gefettetes Backblech legen. Restliche Eigelb mit Milch verquirlen und die Schnecken damit einstreichen. Geriebenen Käse über die Schnecken streuen. Anschließend im heißen Backofen 20–30 Minuten backen.

5 Kartoffel-Käse-Schnecken mit gemischtem Salat servieren.

EW	F	KH	kcal/kJ
5 g	5 g	6 g	94/395

TIPP

Mehlig kochende Kartoffeln zeichnen sich durch ihren hohen Stärkegehalt aus. Diese Knollen brechen beim Kochen schnell auf und verbinden sich leicht mit Flüssigkeiten, weshalb sie für alle Gerichte geeignet sind, bei denen Kartoffeln weiterverarbeitet werden sollen.

Kartoffel-Zucchini-Gratin

Zutaten
1 kg fest kochende Kartoffeln
2 Zwiebeln
1 Knoblauchzehe
300 g Zucchini
250 g Champignons
1 Bd. glatte Petersilie
je 1 Zweig frischer Thymian, Majoran und Rosmarin
30 g Butter
100 ml trockener Weißwein
Salz
schwarzer Pfeffer
200 g Gouda
200 g Crème fraîche
Fett für die Form

Zubereitung

1 Kartoffeln abbürsten und mit Wasser bedeckt 10–15 Minuten sprudelnd vorgaren. Abgießen und mit kaltem Wasser abschrecken. Abkühlen lassen.

2 Zwiebeln und Knoblauch schälen und klein würfeln. Zucchini und Pilze putzen und in dünne Scheiben schneiden. Kräuter abbrausen, trockenschütteln und Blättchen grob hacken.

3 Ofen auf 200 Grad vorheizen. Butter in einer Pfanne erhitzen, erst Zwiebeln, dann Knoblauch, Zucchini und Pilze darin unter Rühren anbraten. Mit Wein und ca. 50 ml Wasser ablöschen. Zugedeckt bei mittlerer Hitze 4 Minuten garen.

4 Kartoffeln pellen und in Scheiben schneiden. Gemüse mit Salz und Pfeffer kräftig würzen, Kräuter unterrühren. Gouda entrinden und fein reiben, mit Crème fraîche und etwas Pfeffer verrühren.

5 Eine ofenfeste Form fetten, abwechselnd Kartoffeln, Zucchini und Champignons hineinschichten. Käsecreme daraufstreichen.

6 Den Auflauf im Ofen 20–25 Minuten überbacken, bis die Oberfläche goldbraun ist.

EW	F	KH	kcal/kJ
23 g	31 g	49 g	610/2562

TIPP

Champignons wurden erstmals kommerziell in Frankreich kultiviert – daher auch der Name. Es gibt weiße, hellbraune und sogar dunkelbraune Champignonsorten, die sich durch ihren unterschiedlichen Geschmack auszeichnen. Je dunkler die Sorte, desto intensiver der Geschmack. Champignons sind reich an Eiweiß, B-Vitaminen und Mineralstoffen und dabei äußerst kalorienarm.

Kartoffelpizza (für 4 Stück)

Zutaten

Für den Teig:
190 g Weizenmehl
80 g kernige Haferflocken
1/2 TL Salz
10 g frische Hefe
Mehl für die Arbeitsfläche

Für den Belag:
8-9 mittelgroße fest kochende Kartoffeln
8 EL Milch
Salz
Pfeffer
8 Zweige Rosmarin, gehackt
8 EL Crème fraîche
8 EL Emmentaler, gerieben

Zubereitung

1 Mehl, Haferflocken und Salz mischen. In die Mitte eine Mulde drücken und Hefe hineinbröckeln. Mit etwas lauwarmem Wasser übergießen und rühren, bis sich die Hefe aufgelöst hat. 100 ml lauwarmes Wasser zugeben und gut verkneten. An einem warmen Ort zugedeckt ca. 45 Minuten gehen lassen.

2 Teig durchkneten und in 4 Bällchen teilen. Anschließend auf einer bemehlten Arbeitsfläche dünn ausrollen. Auf ein mit Backpapier ausgelegtes Backblech legen, abdecken und 20 Minuten gehen lassen.

3 Backofen auf 220 Grad vorheizen. Kartoffeln schälen und in Scheiben schneiden. Pizzen mit Milch bestreichen, mit Kartoffelscheiben belegen sowie mit Salz, Pfeffer und Rosmarin würzen. Mit Crème fraîche garnieren sowie mit Käse bestreuen. Pizzen in ca. 30 Minuten bei 200 Grad goldbraun backen.

EW	F	KH	kcal/kJ
17 g	15 g	77 g	511/2153

Süßer Kartoffelauflauf

Zutaten

400 g mehlig kochende Kartoffeln
800 g säuerliche Äpfel
Saft und abgeriebene Schale von 1 Zitrone (unbehandelt)
200 g Sauerkirschen (Glas)
80 g Butter, 80 g Zucker
1 Päckchen Vanillinzucker, 3 Eier
1 Päckchen Vanille-Puddingpulver
100 g Quark (20 % Fett)
100 g Mandeln, gemahlen, 2 TL Backpulver
1 Prise Salz
Butter für die Form
80 g Mandelblättchen
einige Butterflöckchen

Zubereitung

1 Kartoffeln mit Schale garen, pellen und noch heiß durch eine Presse drücken. Äpfel waschen, in Schnitze schneiden und die Kerngehäuse entfernen. Schnitze mit Zitronensaft und -schale mischen. Kirschen abtropfen lassen und mit den Apfelschnitzen mischen.

2 Butter, Zucker und Vanillinzucker cremig rühren. Eier trennen. Eigelb unter die Mischung rühren. Puddingpulver, Quark, gemahlene Mandeln, Backpulver und Kartoffelmasse einrühren. Eiweiß mit Salz zu steifem Schnee schlagen und unterziehen.

3 Die Hälfte der Apfel-Kirsch-Masse in eine gebutterte Form füllen, darauf die Kartoffelmasse verteilen. Restliches Obst daraufgeben, mit Mandelblättchen und Butterflöckchen bestreuen.

4 Auflauf im vorgeheizten Backofen bei 200 Grad ca. 45 Minuten backen.

EW	F	KH	kcal/kJ
4 g	33 g	76 g	689/2894

Nudeln

Lasagne mit frischen Pilzen

(Abb. S. 73)

Zutaten
500 g Champignons
2 Knoblauchzehen
1 Zwiebel
2 Bd. Rucola
3 EL Olivenöl
1 Dose Tomaten (800 g)
Salz
Pfeffer
1 TL Oregano, getrocknet
250 g Lasagneblätter
340 g Mozzarella (z. B. von Galbani)
Fett für die Form

Zubereitung

1 Champignons mit einem Bürstchen von Schmutz befreien, putzen und dann in dünne Scheiben schneiden. Knoblauch und Zwiebel schälen, Knoblauch durchpressen, Zwiebel fein würfeln. Rucola putzen, waschen, trockenschleudern und in grobe Stücke schneiden.

2 Etwas Öl erhitzen, Knoblauch und Zwiebel darin braten. Champignons hinzufügen und ebenfalls anbraten. Tomaten klein schneiden, hinzufügen und alles offen ca. 15 Minuten garen. Anschließend mit Salz, Pfeffer sowie Oregano würzen und Rucola untermischen.

3 Lasagneblätter abwechselnd mit Mozzarella und Pilzragout in eine feuerfeste, gefettete Lasagneform einschichten. Dabei mit Mozzarella abschließen und mit dem restlichen Öl beträufeln. Lasagne im vorgeheizten Backofen bei 200 Grad ca. 40 Minuten garen.

EW	F	KH	kcal/kJ
33 g	28 g	53 g	590/2465

Bandnudeln mit Frischkäsesauce und Kresse

Zutaten
500 g Bandnudeln
1 Schalotte, 1 EL Butter
60 ml Weißweinessig
1/4 l Geflügelfond (Glas)
1 Kästchen Kresse
100 g Frischkäse
1 EL körniger Senf
Salz, Pfeffer
Kräuter zum Garnieren

TIPP
Senf verliert nach dem Öffnen relativ schnell seine Aromastoffe. Deshalb sollte die Würzpaste dann möglichst kühl gelagert werden.

Zubereitung

1 Nudeln nach Packungsanweisung bissfest kochen.

2 Schalotte schälen, in feine Würfel schneiden und in heißer Butter 5 Minuten andünsten. Mit Weißweinessig und 65 ml Wasser ablöschen und fast trocken reduzieren. Mit Fond auffüllen und nochmals um ca. 1/3 einkochen lassen.

3 Kresse abschneiden, waschen, trockentupfen und eine Hälfte davon fein schneiden, die andere Hälfte zum Garnieren aufbewahren.

4 Frischkäse unter die Sauce schlagen, Senf und Kresse dazugeben und pikant abschmecken. Danach nicht mehr aufkochen lassen, da sonst die Kresse ihre Farbe verliert und der Senf gerinnt.

5 Nudeln mit der Sauce vermischen, auf Tellern anrichten und mit Kräutern der Saison garnieren.

EW	F	KH	kcal/kJ
25 g	17 g	88 g	611/2566

Cannelloni mit Spinat-Ricotta-Walnuss-Füllung

Zubereitung

1 Spinat auftauen. Cannelloni in reichlich Salzwasser 5 Minuten vorgaren. Abgießen und abtropfen lassen.

2 Zwiebel schälen, fein würfeln. Walnüsse fein hacken und kurz ohne Fett in einer Pfanne rösten. Ricotta und Ei verrühren. Spinat ausdrücken und hacken. Mit der Zwiebel und den Walnüssen unter den Ricotta mischen. Mit Salz und Pfeffer würzen und mit einem Spritzbeutel mit großer Lochtülle in die Cannelloni füllen.

3 Cannelloni in eine gefettete Auflaufform legen. Mit Sahne begießen. Gouda darüberstreuen. Im vorgeheizten Backofen bei 200 Grad 25–30 Minuten backen.

4 Für den Salat Walnüsse grob hacken und kurz ohne Fett rösten. Rucola waschen, putzen, evtl. kleiner schneiden. Zwiebel schälen, in feine Ringe schneiden. Essig mit Salz, Pfeffer und Öl verrühren. Rucola, Nüsse und Zwiebel damit mischen.

5 Gefüllte Cannelloni mit Salat servieren.

EW	F	KH	kcal/kJ
22 g	56 g	30 g	706/2959

Zutaten

Für die Cannelloni:
113 g TK-Blattspinat
12 Cannelloni
Salz
1 Zwiebel
30 g Walnüsse
300 g Ricotta
1 Ei
Pfeffer aus der Mühle
Fett für die Form
150 g Sahne
50 g mittelalter Gouda, gerieben

Für den Rucolasalat:
30 g Walnüsse
1 Bd. Rucola
1 rote Zwiebel
1 EL Weißweinessig
Salz
Pfeffer aus der Mühle
2 EL Olivenöl

TIPP

Ricotta ist Frischkäse aus Kuh- bzw. Schafsmolke. Er ist vergleichbar mit unserem Quark, nur weniger säuerlich im Geschmack. Ersatzweise kann man aber auch gut abgetropften Quark nehmen.

Spagetti mit Spinat-Oliven-Pesto

Zutaten
300 g frischer junger Spinat
1 Knoblauchzehe
Salz
50 g grüne Oliven ohne Stein
30 g Parmesan, frisch gerieben
1 EL Pinienkerne
50 ml Olivenöl
Pfeffer
400 g Spagetti
grüne Oliven zum Garnieren

Zubereitung

1 Spinat waschen, trockentupfen, putzen. Knoblauch schälen und grob hacken. Spinat in wenig kochendem Salzwasser zusammenfallen lassen, dann abgießen, abschrecken, gut ausdrücken und grob hacken.

2 Spinat, Knoblauch, Oliven, Parmesan und Pinienkerne im Mixer oder in der Küchenmaschine pürieren. Öl unterrühren und mit Salz und Pfeffer würzen.

3 Nudeln in reichlich kochendem Salzwasser bissfest garen, abgießen und abtropfen lassen.

4 Nudeln mit Spinat-Oliven-Pesto anrichten und mit Oliven garniert servieren.

EW	F	KH	kcal/kJ
17 g	21 g	69 g	535/2247

TIPP

Pinienkerne sind die geschälten Samen der im gesamten Mittelmeerraum kultivierten Pinie. Der weißliche, mandelartig schmeckende Kern wächst in den Pinienzapfen heran, die zwischen Oktober und April geerntet werden.

Herznudeln mit Nusssauce

Zutaten
Für den Nudelteig:
150 g Mehl
1 gestr. TL Salz
1 Döschen Safranpulver
1 Ei
1 Eigelb
1 1/2 EL Öl
Mehl für die Nudelmaschine
Für die Sauce:
50 g Walnüsse
2 Frühlingszwiebeln
1 Knoblauchzehe
1 EL Öl
100 ml Gemüsebrühe
100 ml Weißwein
100 g Sahne
2 EL heller Saucenbinder
1 Topf Basilikum
Außerdem:
250 g Romanesco
50 g Parmesan

Zubereitung

1 Mehl, Salz und Safran in einer Schüssel mischen. Ei, Eigelb und Öl zufügen und zu einem glatten Teig verkneten. Unter einer Schüssel ca. 30 Minuten ruhen lassen. Teig portionsweise leicht bemehlt durch die Nudelmaschine geben. Dabei auf Stufe 3 beginnen und bis auf Stufe 10 dünn ausrollen. Dann Herzen ausstechen und nebeneinander auf Backpapier legen.

2 Walnüsse fein hacken. Zwiebeln putzen, waschen und in feine Ringe schneiden. Knoblauch schälen und fein hacken. Zwiebeln und Knoblauch in Öl dünsten. Brühe, Wein und Sahne angießen und 3 Minuten kochen. Nüsse zufügen. Sauce mit Saucenbinder binden. Basilikum in feine Streifen schneiden und zugeben.

3 Romanesco putzen, waschen und in Röschen teilen. In leicht gesalzenem Wasser ca. 5 Minuten kochen. Nudeln ca. 2 Minuten in reichlich Salzwasser bissfest kochen. Auf ein Sieb gießen und abtropfen lassen.

4 Nudelherzen und Romanesco mit der Sauce mischen und mit Parmesan bestreut servieren.

EW	F	KH	kcal/kJ
14 g	30 g	30 g	464/1949

TIPP
Walnüsse zählen botanisch nicht zu den echten Nüssen, wie z. B. die Haselnuss, sondern zu den Steinfrüchten. Walnusskerne enthalten ca. 60 % Fett sowie die Vitamine B_1, B_2 und C.

Zutaten
500 g Mehl
6 Eier
Salz
Mineralwasser
4 Zwiebeln
100 g Butter
100 g bayerischer Romadur (60 % Fett i.Tr.)
1 Bd. Schnittlauch
200 g Emmentaler, gerieben

Käsespätzle mit Emmentaler und Romadur

TIPP
Für die Herstellung der Spätzle kann man den Teig auch portionsweise von einem Holzbrett in das kochende Wasser hineinschaben oder eine Spätzlepresse verwenden. Zu dem fertigen Gericht schmeckt Salat, schwarzer Tee oder frische Milch.

Zubereitung

1 Mehl in eine Schüssel sieben, Eier und Salz und nach und nach so viel Mineralwasser unterschlagen, bis ein zähflüssiger Teig entstanden ist. Der Spätzleteig muss so lange geschlagen werden, bis er Blasen wirft.

2 Die Zwiebeln schälen, in feine Ringe schneiden und in einer Pfanne in der heißen Butter braun rösten. Romadur in kleine Würfel, Schnittlauch in Röllchen schneiden.

3 Reichlich Salzwasser zum kochen bringen. Spätzleteig in kleinen Portionen in den Schlitten des Spätzlehobels geben und sofort in das kochende Salzwasser hobeln. Wenn die Spätzle oben schwimmen, die Nudeln mit einem Schaumlöffel herausnehmen und auf einem Sieb abtropfen lassen. Anschließend in eine vorgewärmte Schüssel geben.

4 Lagenweise Romadur und Emmentaler dazugeben und obenauf die Zwiebeln und den Schnittlauch streuen. Sofort servieren.

EW	F	KH	kcal/kJ
44 g	50 g	91 g	984/4133

Nudeln in Pilz-Parmesan-Sauce (für 2 Personen)

Zubereitung

1 Steinpilze waschen und in 200 ml lauwarmem Wasser ca. 20 Minuten einweichen.

2 Brokkoli waschen, in kleine Röschen teilen und in kochendem Salzwasser ca. 5 Minuten garen, anschließend abtropfen lassen. Champignons putzen und vierteln. Zwiebel schälen und fein hacken.

3 Nudeln in kochendem Salzwasser nach Packungsanleitung bissfest garen.

4 Zwiebel in heißer Pflanzencreme glasig dünsten. Champignons hinzufügen und ca. 5 Minuten kräftig anbraten. Mit Salz und Pfeffer würzen. Steinpilze mit der Flüssigkeit und der Sahne zu den Pilzen gießen, aufkochen und etwas einkochen lassen. Parmesan in die Sauce rühren. Brokkoli zugeben und mit Salz sowie Pfeffer abschmecken.

5 Abgetropfte Nudeln unter die Sauce mischen und auf Tellern anrichten.

EW	F	KH	kcal/kJ
24 g	22 g	74 g	590/2480

Zutaten

5 g getrocknete Steinpilze
125 g Brokkoli
Salz
180 g Champignons
1 kleine Zwiebel
200 g Spagetti
1 EL Pflanzencreme mit Butteraroma
Pfeffer
70 g Sahne
3 EL Parmesan, gerieben

TIPP

Gegenüber dem Blumenkohl hat Brokkoli einen fast doppelt so hohen Anteil an Vitamin C, besitzt das Sechzehnfache an Vitamin A und einen deutlich höheren Anteil an Spurenelementen. Zudem ist er reich an Karotin und zahlreichen sekundären Pflanzenstoffen (beispielsweise Flavonoide, Indole und Isothiocynate), die krebshemmend wirken sollen.

Mango-Sauerkraut-Eintopf mit Gemüsemaultaschen und Pistou

Zutaten
Für den Eintopf:
1 Mango, 1 Zwiebel
200 g Kartoffeln
1 EL Kokosfett
400 g Sauerkraut
750 ml Gemüsebrühe
100 ml Sojasauce
500 g Gemüsemaultaschen (Kühlregal)
Für das Pistou:
3 Knoblauchzehen, Salz
schwarzer Pfeffer
10 Basilikumblätter
30 g Parmesan, gerieben
2 EL Olivenöl
2 EL Sojasauce

TIPP
Sauerkraut ist durch Milchsäuregärung konservierter Weißkohl. Es ist reich an Milchsäure, den Vitaminen A, B und C sowie an Mineralstoffen. Außerdem ist der Energiegehalt von Sauerkraut sehr gering (ca. 19 kcal je 100 g), da es praktisch fettfrei ist. Vor allem der hohe Gehalt an Vitamin B_{12} macht Sauerkraut besonders interessant für Vegetarier, da dieses Vitamin sonst nur in tierischen Lebensmitteln, vor allem in Fleisch, vorkommt.

Zubereitung
1 Für den Eintopf die Mango schälen, Fruchtfleisch vom Kern schneiden und würfeln. Zwiebel schälen, halbieren und in Streifen schneiden. Kartoffeln schälen und ebenfalls in Würfel schneiden.
2 Zwiebel im Kokosfett anschwitzen. Kartoffeln, Sauerkraut und Mango zugeben. Mit Gemüsebrühe und Sojasauce auffüllen und alles ca. 30 Minuten leicht köcheln lassen.
3 Für das Pistou Knoblauchzehen schälen und mit Salz, schwarzem Pfeffer und Basilikumblättern im Mörser grob zerstoßen. Parmesan, Olivenöl und Sojasauce zugeben und alles zu einer glatten Paste verarbeiten.
4 Gemüsemaultaschen laut Packungsanweisung zubereiten, unter die Sauerkrautmasse geben und Eintopf mit Pistou servieren.

EW	F	KH	kcal/kJ
10 g	17 g	35 g	340/1423

Tomatengratin auf Rigatoni, Zucchini und Roquefort

Zubereitung

1 Backofen auf 180 Grad vorheizen. Rigatoni in reichlich Salzwasser laut Packungsanweisung bissfest kochen.

2 Margarine erhitzen und Zucchini darin 5–10 Minuten braten. Knoblauch, Schalotte und Zwiebel in den letzten Minuten kurz mitbraten, Sojacreme hinzufügen und alles mit Salz, Pfeffer und der Hälfte der Kräuter würzen.

3 Zucchiniwürfel in einer Auflaufform verteilen, Rigatoni darübergeben. Tomatenscheiben auf die Nudeln legen und mit Pfeffer und restlichen Kräutern würzen.

4 Tomaten mit dem Olivenöl beträufeln und das Gericht ca. 20 Minuten auf der mittleren Schiene des Ofens backen. Anschließend den Auflauf aus dem Ofen nehmen und Roquefort und Paniermehl darübergeben. Das Gratin nochmals für ca. 10 Minuten in den Ofen schieben und anschließend heiß servieren.

EW	F	KH	kcal/kJ
20 g	60 g	62 g	861/3616

Zutaten

300 g Rigatoni
Salz, 20 g Margarine
450 g Zucchini, in Würfeln
2 Knoblauchzehen, gehackt
1 Schalotte, gehackt
1 Zwiebel, gehackt
150 ml Sojacreme, Pfeffer
2 EL Kräuter (z. B. Basilikum und Petersilie), gehackt
5 große reife Tomaten, in Scheiben
2 EL Olivenöl
125 g Roquefort, zerkrümelt
2 EL Paniermehl

TIPP

Frieren Sie den Käse 1 Stunde vorher ein. So lässt er sich einfacher zerkrümeln oder schneiden.

Zutaten
100 g Walnüsse
200 g Möhren
1 Knoblauchzehe
500 g grüner Spargel
20 g Butter
400 ml Gemüsebrühe
Salz
Pfeffer
1 TL rote Currypaste
Saft und Schale von 1 Limette (unbehandelt)
500 g frische Bandnudeln (Kühlregal)
1 Bd. Koriander

Bandnudeln mit Spargel

Zubereitung

1 Walnüsse grob hacken. Möhren schälen und in Stücke schneiden. Knoblauch schälen und fein würfeln. Spargel waschen und das untere Drittel schälen.

2 Butter erhitzen. Knoblauch und Möhren darin andünsten. 300 ml Brühe, Salz, Pfeffer, Curry, Limettenschale und -saft zufügen. Zugedeckt 12 Minuten dünsten.

3 Spargel schräg in Stücke schneiden. Mit 100 ml Brühe 5 Minuten dünsten.

4 Möhren pürieren, 2/3 der Nüsse zufügen und würzen.

5 Nudeln bissfest garen. Koriander waschen, trockenschütteln und hacken. Sauce, Spargel und Nudeln mit Koriander und restlichen Nüssen bestreuen und servieren.

EW	F	KH	kcal/kJ
22 g	24 g	96 g	694/2915

Zutaten
400 g mehlig kochende Kartoffeln
100 g Mehl
25 g Grieß
80 g Butter
1 Eigelb
Mehl für die Arbeitsfläche

Mohnschupfnudeln

Zubereitung

1 Kartoffeln als Pellkartoffeln zubereiten, pellen und mit einer Kartoffelpresse passieren. Sobald die Kartoffeln abgekühlt sind, mit Mehl, Grieß, 60 g Butter und Eigelb verkneten. Teig kurz ruhen lassen.

2 Auf einem bemehlten Brett daumendicke Rollen aus dem Teig formen, in haselnussgroße Stücke schneiden und mit der flachen Hand zu länglichen Nudeln rollen, in der Mitte bauchig, an den Enden spitz.

3 Restliche Butter in einer Pfanne erhitzen und Mohn darin rösten.

4 Die Schupfnudeln 4 Minuten in Salzwasser kochen, herausheben und in geröstetem Mohn wälzen. Mit Puderzucker bestreuen und mit Aprikosenkompott servieren.

EW	F	KH	kcal/kJ
11 g	28 g	59 g	533/2232

80 g Mohn, gerieben
Salz
Puderzucker
500 g Aprikosenkompott

Penne all'arrabbiata

Zutaten
750 g Tomaten
1 kleine Zwiebel
4 Knoblauchzehen
1–2 Peperoncinischoten
2 EL Olivenöl
Salz
500 g Penne
1/2 Bd. Basilikum
50 g bayerischer Hartkäse

Zubereitung

1 Tomaten vom Blütenansatz befreien, kreuzweise einritzen, mit kochendem Wasser überbrühen, häuten und würfeln.

2 Zwiebel und Knoblauch schälen und mit Peperoncini fein hacken. Alles in Olivenöl anschwitzen. Tomaten dazugeben, salzen und alles 20–30 Minuten kochen.

3 Penne »al dente« kochen. Basilikum fein schneiden.

4 Nudeln nach dem Abgießen nicht abschrecken, sondern sofort mit der Sauce und dem Basilikum mischen. So wird die Sauce durch die Reststärke im Nudelwasser sämiger.

5 Penne all'arrabbiata mit frisch geriebenem Hartkäse bestreuen und servieren.

EW	F	KH	kcal/kJ
21 g	14 g	91 g	577/2423

Milchnudeln

Zutaten
60 g Rosinen
1 l Milch
Salz
1 TL Butter
250 g Nudeln (Fertigprodukt)
50 g Zucker
Zimt

Zubereitung

1 Rosinen in Wasser einweichen.

2 Milch mit etwas Salz und Butter zum Kochen bringen. Nudeln hineingeben und bissfest garen.

3 Zucker mit etwas Zimt mischen. Rosinen abgießen.

4 Fertige Nudeln mit der Zucker-Zimt-Mischung und Rosinen vermengen und servieren.

EW	F	KH	kcal/kJ
16 g	12 g	78 g	490/2073

Ravioli mit Rucola (für 5 Personen)

Zutaten
400 g Mehl
4 Eier
2 TL Olivenöl
Salz
200 g Rucola
1 Zwiebel
250 g Ricotta
50 g Pecorino, gerieben
Pfeffer aus der Mühle
Muskatnuss, gerieben
Mehl für die Arbeitsfläche
40 g Butter
1/2 Bd. Rucola
50 g Parmesan

Zubereitung

1 Für den Teig Mehl, Eier und 1 EL Öl mit 1 TL Salz zu einem glatten, geschmeidigen Teig verkneten. Bei Bedarf etwas Wasser oder Mehl dazugeben. Den Teig zu einer Kugel formen und zugedeckt ca. 30 Minuten ruhen lassen.

2 200 g Rucola waschen, putzen, verlesen, trockenschleudern, bei Bedarf harte Stiele entfernen und die Blätter fein hacken. Zwiebel schälen und fein hacken. Restliches Öl in einer Pfanne erhitzen. Zwiebel darin glasig dünsten, Rucola dazugeben und unter ständigem Rühren bei mittlerer Hitze so lange dünsten, bis die Flüssigkeit verdampft ist. Dann auf Handwärme abkühlen lassen und mit Ricotta und Pecorino mischen, mit Salz, Pfeffer und Muskat würzen.

3 Teig nochmals durchkneten und mit der Nudelmaschine oder auf einer leicht bemehlten Arbeitsfläche messerrückendick ausrollen. Die Hälfte des Teiges in Abständen von ca. 3 cm mit je 1–2 TL Füllung belegen und mit dem restlichen Teig bedecken. Teig um die Füllung herum gut andrücken und mit einem Teigrädchen Teigtaschen ausschneiden.

4 Ravioli in kochendem Salzwasser 3–4 Minuten garen. Inzwischen Butter zerlassen. Ravioli mit einer Schaumkelle herausheben, abtropfen lassen und auf vorgewärmten Tellern anrichten. Mit der Butter beträufeln, mit geputztem Rucola bestreuen und den Parmesan mit einem Sparschäler darüberhobeln.

EW	F	KH	kcal/kJ
32 g	36 g	58 g	680/2844

Pilze

Champignon-Spargel-Salat

(Abb. S. 85)

Zutaten
500 g weißer Spargel
Salz
1 EL Butter
1/2 TL Zucker
200 g kleine Champignons
Saft von 1 Zitrone
3 EL Himbeeressig
Pfeffer aus der Mühle
1/4 TL Koriander, gemahlen
6 EL Walnussöl
1 Kästchen Kresse

Zubereitung

1 Spargel waschen, schälen und Enden abschneiden. Reichlich Salzwasser zum Kochen bringen, Butter und Zucker einrühren und Spargel darin in ca. 20 Minuten garen, dann herausnehmen, abtropfen und abkühlen lassen.

2 Pilze putzen und mit einem scharfen Messer in Scheiben schneiden, in eine Schüssel geben und mit Zitronensaft vermischen.

3 Gekochten Spargel in ca. 4 cm lange Stücke schneiden.

4 Essig mit Salz, Pfeffer und Koriander verrühren, Öl nach und nach unterschlagen. Kresse abschneiden, waschen und trockentupfen.

5 Champignons abtropfen lassen, trockentupfen und mit Spargel und Salatsauce vermischen. Salat in Schalen anrichten und mit Kresse bestreuen.

EW	F	KH	kcal/kJ
5 g	18 g	10 g	222/934

Pfifferlingsmuffins

Zutaten
1 Packung TK-Blätterteig (6 Platten)
100 g Pfifferlinge
1 kleine Zwiebel
1 EL Öl
50 g Gouda oder Emmentaler, gerieben
2 EL Parmesan, gerieben
125 g Crème fraîche
1 EL Mehl
2 Eier
Muskatnuss, frisch gerieben
Salz
Pfeffer aus der Mühle

Zubereitung

1 Blätterteig auftauen lassen. Backofen auf 200 Grad vorheizen.

2 Pfifferlinge putzen und klein schneiden. Zwiebel schälen und in kleine Würfel schneiden.

3 Öl in einer Pfanne erhitzen, Zwiebel und Pfifferlinge kurz darin anschwitzen. Pfanne vom Herd nehmen.

4 Käse mischen und 2/3 der Mischung mit Crème fraîche, Mehl und Eiern verrühren. Mit Muskatnuss, Salz und Pfeffer würzen. Die Zwiebel-Pilz-Mischung unterheben.

5 Die Blätterteigplatten halbieren. In jede Vertiefung der Muffinform ein Teigquadrat so einlegen, dass ein 1 cm hoher Rand übersteht. Je 1 EL Füllung hineingeben und die Teigspitzen oben zusammenfalten. Restlichen Käse darüber verteilen.

6 Muffins 30–35 Minuten im heißen Ofen backen. Das Blech herausnehmen, Muffins 5 Minuten abkühlen lassen, anschließend aus der Form nehmen und noch warm servieren.

EW	F	KH	kcal/kJ
5 g	19 g	12 g	242/1016

Pilze aus der Folie

Zutaten
8 große Pilze (z. B. Riesenchampignons oder Steinpilze)
1 Zitrone (unbehandelt)
2 Knoblauchzehen
4 Stängel Dill
1 Bd. Petersilie
80 g Butter
grobes Meersalz
Pfeffer

Zubereitung

1 Pilze putzen, falls nötig waschen und trocknen. Zitrone waschen und mit Schale in dünne Scheiben schneiden. Knoblauchzehen schälen, ebenfalls in dünne Scheiben schneiden. Dill und Petersilie waschen und trockenschütteln, die Blättchen abzupfen und grob hacken.

2 8 Stücke Alufolie ungefähr in DIN-A4-Größe abschneiden, jeweils 2 Stücke aufeinander legen. Pro Päckchen 2 Pilze zusammen mit Zitronenscheiben und Kräutern auf einer Hälfte der doppelt gelegten Folienstücke gleichmäßig verteilen. Die Butter in kleinen Flöckchen auf die Pilze geben, mit Meersalz und Pfeffer pikant würzen.

3 Die andere Hälfte der Folienstücke über die gewürzten Pilze klappen, die Ränder sorgfältig mehrfach nach innen falten, sodass ein Päckchen entsteht. Auf einer weniger heißen Stelle am Rand des Grills 12–15 Minuten grillen, dabei einmal wenden.

4 Pilzpäckchen vom Grill nehmen, auspacken und mit Weißbrot servieren.

EW	F	KH	kcal/kJ
6 g	17 g	5 g	203/849

TIPP

Mit Kräutern und Butter in Folie gegart, schmecken nicht nur Pilze, sondern auch Zucchini, Salatherzen oder andere Gemüsesorten mit kurzer Garzeit.

Zutaten
400 g Allgäuer Emmentaler
400 g bayerischer Hartkäse
100 g frische Steinpilze
40 g Zwiebel
40 g Butter
Salz
Pfeffer
1 Knoblauchzehe
0,4 l Weißwein
2 TL Zitronensaft
2 EL Speisestärke
500 g Weißbrotwürfel

TIPP
Speisestärke ist ein pulverförmiges Bindemittel, das meist aus Mais, Kartoffeln oder Weizen gewonnen wird.

Käsefondue mit Steinpilzen

Zubereitung

1 Käse reiben. Pilze säubern, Zwiebel schälen und beides in Würfel schneiden. Butter in einer Pfanne erhitzen und Zwiebelwürfel darin glasig dünsten. Pilze hinzufügen und kurz mitgaren. Alles mit Salz und Pfeffer würzen.

2 Knoblauchzehe halbieren und Caquelon damit ausreiben. Käse mit Wein, Zitronensaft und Speisestärke unter ständigem Rühren darin erwärmen, bis die Masse schön cremig ist. Dann die Pilze unterrühren.

3 Das Fondue auf einem brennenden Rechaud servieren. Weißbrotwürfel dazu reichen.

EW	F	KH	kcal/kJ
68 g	70 g	70 g	1250/5250

Zutaten
Für die Flans:
Butter für die Förmchen
4 Kaffirlimettenblätter
60 g Butter
2 Eigelb
80 g Paniermehl

Käseflans mit Pilzragout

Zubereitung

1 Backofen auf 170 Grad vorheizen. Ein tiefes Backblech halb mit Wasser füllen und in den Ofen schieben. 4 Flanförmchen mit Butter ausfetten und in jedes 1 Kaffirlimettenblatt legen.

2 Für die Frischkäseflans die Butter 10 Minuten weißschaumig schlagen. Erst 1 Eigelb, dann 1 EL Paniermehl, dann wieder 1 Eigelb und nochmal 1 EL Paniermehl unterrühren. Restliches Paniermehl und Frischkäse unterheben.

3 Eiweiß zu steifem Schnee schlagen und vorsichtig unter die Frischkäsemasse ziehen. Meerrettich dazugeben und mit Salz, Pfeffer und Muskat abschmecken. Die fertige Masse auf die vorbereiteten Förmchen verteilen und ins Wasserbad im Ofen stellen. 35 Minuten garen.

4 In der Zwischenzeit Waldpilze putzen, falls nötig waschen und trocknen und je nach Größe in dicke Scheiben schneiden, halbieren oder vierteln. Knoblauch und Schalotten schälen und in feine Würfel schneiden. Zitronengras in dünne Ringe schneiden. In einer großen, schweren Pfanne Butter und Butterschmalz erhitzen. Pilze dazugeben und bei großer Hitze 2–3 Minuten braten. Knoblauch, Schalotten und Zitronengras dazugeben und kurz mit den Pilzen dünsten. Mit Fischsauce und Weißwein ablöschen, kurz reduzieren, dann mit Brühe aufgießen. 2 Minuten kochen, vom Herd nehmen und mit Salz und Pfeffer abschmecken. Koriander grob hacken und zu den Pilzen geben.

5 Frischkäseflans aus dem Ofen nehmen, stürzen und mit dem Pilzragout servieren.

EW	F	KH	kcal/kJ
13 g	35 g	18 g	437/1835

160 g bayerischer Frischkäse
2 Eiweiß
1 EL Meerrettich, gerieben
Salz
Pfeffer
Muskatnuss, gerieben
Für das Ragout:
400 g gemischte Waldpilze
1 Knoblauchzehe
2 Schalotten
1 Stange Zitronengras
1 EL Butter
1 EL Butterschmalz
1 EL Fischsauce
40 ml Weißwein
40 ml Gemüsebrühe
Salz
Pfeffer
1/2 Bd. Koriander

TIPP

Kaffirlimettenblätter geben Speisen eine sanfte zitronige Frische. Werden sie im Ganzen mitgekocht oder mitgeschmort, isst man sie nicht mit. In Salaten oder Snacks werden sie aber auch fein geschnitten mitgegessen. Die Blätter lassen sich gut einfrieren.

Gegrillte Pilze

Zutaten
8 große Champignons
300 g Austernpilze
4 Steinpilze, 2 Knoblauchzehen, 1 Bd. Kerbel
125 ml Sonnenblumenöl
2 EL Sojasauce, Pfeffer

TIPP
Mit frischem Baguette auch eine leckere Vorspeise.

Zubereitung

1 Pilze putzen, evtl. waschen, in grobe Scheiben schneiden und in eine große flache Schale legen.

2 Knoblauchzehen schälen und in feine Scheiben schneiden. Kerbel waschen, trockentupfen und fein hacken. Beides mit Öl, Sojasauce und Pfeffer verrühren, über die Pilzscheiben gießen und diese ca. 60 Minuten marinieren lassen.

3 Marinierte Pilzscheiben auf Alugrillschalen legen und auf dem heißen Grill kurz garen.

EW	F	KH	kcal/kJ
4 g	32 g	5 g	317/1405

Feine Pilzcremesuppe

Zutaten
125 g Champignons
125 g Pfifferlinge
1 Zwiebel
1 EL Pflanzenöl
15 g Instantflocken
1/4 l Milch (1,5 %)
200 ml Gemüsebrühe
Salz
Pfeffer
Thymian

TIPP
Wem das Putzen jedes einzelnen Pfifferlings zu aufwändig ist, der kann diese Pilze auch kurz in Wasser, dem etwas Mehl zugegeben wurde, waschen. Dann müssen nur noch die Schnittflächen nachgeschnitten werden.

Zubereitung

1 Pilze putzen und klein schneiden. Zwiebel schälen und fein hacken.

2 Öl erhitzen und Zwiebel darin anbraten. Pilze zugeben und ca. 5 Minuten unter Rühren mitbraten. Hälfte der Pilze beiseite stellen.

3 Instantflocken über die restlichen Pilze streuen und ca. 1 Minute unter Rühren anschwitzen. Milch und Brühe hinzufügen. Bei niedriger Temperatur im offenen Topf garen.

4 Pilzcreme pürieren und mit Salz und Pfeffer abschmecken. Restliche Pilze und Thymian auf die Suppe geben und servieren.

EW	F	KH	kcal/kJ
10 g	11 g	13 g	191/802

Gefüllte Pilze in Tomatensauce

Zubereitung

1 Grill auf mittlere Hitze vorheizen. Mandeln in einer beschichteten Pfanne ohne Fett rösten, etwas abkühlen lassen und mit Käse in einer Schüssel verrühren.

2 Pilze putzen, Stiele abschneiden. Köpfe mit Olivenöl bestreichen und mit Salz sowie Pfeffer nach Geschmack würzen.

3 Tomaten waschen, abtrocknen und halbieren. Mit Tomatensauce, 1 TL Basilikum und Oregano in einen kleinen Topf geben und zum Kochen bringen. Nur so lange kochen, bis die Tomaten weich sind. Sauce bis zum Servieren warm stellen.

4 Pilze mit den Köpfen nach oben auf ein Blech setzen, unter den Grill schieben, 5 Minuten grillen und dann jeweils ca. 1 EL Käsemasse in die Pilze füllen. Mit den Köpfen nach unten auf das Blech legen, mit Alufolie abdecken, wieder unter den Grill schieben und 4–6 Minuten weitergrillen.

5 Fertige Pilze auf Teller verteilen, mit Tomatensauce bedecken und mit restlichem Basilikum garniert servieren.

EW	F	KH	kcal/kJ
8 g	14 g	12 g	195/819

Zutaten

75 g ganze Mandeln
100 g Ziegenkäse
6 große Portobello-Pilze
1 EL Olivenöl
Salz
Pfeffer
8 Cocktailtomaten
1/4 l Tomatensauce
2 TL frisches Basilikum, gehackt
1 TL frischer Oregano, gehackt

TIPP

Die Käsefüllung können Sie beliebig verfeinern, indem Sie frische Kräuter nach Wahl unter den Käse mengen.

Austernpilz-Kürbis-Ragout mit Kartoffelknödelchen

Zutaten
600 g Muskatkürbis
200 g Austernpilze
2 Bd. Frühlingszwiebeln
2 Knoblauchzehen
2 Zweige Rosmarin
2 EL Butterschmalz
400 ml Gemüsebrühe
2 EL Rosinen
Salz
Pfeffer
Paprikapulver edelsüß
1 Packung Teig für Kartoffelknödel (Kühlregal)
100 g Butter
1 Bd. Petersilie
4 EL trockener Weißwein
2 Eigelb
2 EL grober Senf

TIPP
Unter dem Sammelbegriff »Rosinen« werden neben den Sultaninen noch die Korinthen und die Traubenrosinen zusammengefasst. Die kernlosen, großbeerigen Sultaninen sind in getrocknetem Zustand hellgelb. Korinthen sind ebenfalls kernlos, allerdings kleiner als Sultaninen und fast schwarz. Die großen, kernhaltigen Traubenrosinen besitzen meist noch den Stiel.

Zubereitung

1 Kürbis schälen und in 2 cm große Würfel schneiden. Austernpilze putzen. Große Pilze in 2 oder 3 Stücke zupfen. Frühlingszwiebeln putzen, waschen und in große Stücke schneiden. Knoblauchzehen schälen, Rosmarinnadeln von den Zweigen streifen und mit den Knoblauchzehen fein hacken.

2 Knoblauch und Rosmarin mit Butterschmalz kurz anbraten, das vorbereitetes Gemüse zugeben, unter Rühren ca. 2 Minuten braten, anschließend mit Gemüsebrühe aufgießen. Rosinen zum Kürbisragout geben, mit Salz, Pfeffer und Paprikapulver würzen und zugedeckt ca. 20 Minuten garen.

3 In der Zwischenzeit nach Packungsanweisung kleine Kartoffelknödel zubereiten und warm halten.

4 Für die Sauce Butter schmelzen, Petersilie waschen, trockenschütteln, Blättchen abzupfen und fein hacken.

5 In einem kleinen Schlagkessel oder einer Metallschüssel Weißwein und Eigelb verquirlen. Wenig Wasser in einem passenden Topf aufkochen, den Schlagkessel auf das Wasserbad setzen und die Mischung mit dem Schneebesen dick und schaumig aufschlagen. Die Sauce vom Wasserbad nehmen, unter ständigem Rühren die geschmolzene Butter zugeben, Petersilie und Senf einrühren und mit Salz abschmecken.

6 Kürbisragout abschmecken, vorsichtig die Sauce unterrühren und dabei darauf achten, dass das Ragout nicht mehr kocht. Kartoffelknödel ins Ragout geben. In Suppentellern oder flachen Suppenschalen servieren und mit Petersilienblättchen garnieren.

EW	F	KH	kcal/kJ
8 g	32 g	31 g	532/2234

Pfifferlingstaler auf Rucola

Zutaten
250 ml trockener Weißwein
einige Safranfäden
100 g Maisgrieß (Polenta)
1 kleine Zwiebel
200 g frische Pfifferlinge
4 EL Butterschmalz
frischer Thymian, gehackt
Salz
Pfeffer
2 Eier
200 g Rucola
etwas Zitronensaft

Zubereitung

1 200 ml Wasser, Wein und Safran aufkochen, Maisgrieß einrieseln lassen und so lange rühren, bis sich die Masse vom Topf löst. Anschließend kühl stellen.

2 Zwiebel hacken und mit den Pfifferlingen in 2 EL heißem Butterschmalz anbraten. Mit Thymian, Salz und Pfeffer würzen und kurz schmoren lassen. Pfifferlinge unter den Maisgrieß mischen, Eier trennen und Eigelb unter die Masse rühren. Eiweiß steif schlagen und vorsichtig unterheben.

3 In einer Pfanne restliches Butterschmalz schmelzen und einzelne Pfifferlingstaler darin goldgelb backen.

4 Rucola waschen, mit etwas Zitronensaft, Salz und Pfeffer anmachen, die Fladen auf dem Salat anrichten.

EW	F	KH	kcal/kJ
8 g	14 g	20 g	284/1189

Pilztorte mit Nüssen (für 12 Stücke)

Zutaten
1/2 kg Champignons, Steinpilze oder Pfifferlinge
1 Zwiebel
1 EL Butter
5 cl Armagnac
Salz
Pfeffer
1 Packung TK-Blätterteig
150 g Roquefort
1 Eigelb
250 g Sahne
2 EL gehackte Nüsse
12 Walnusshälften

Zubereitung

1 Champignons säubern und vierteln. Zwiebel schälen und hacken.

2 In heiß schäumender Butter die Zwiebelwürfel glasig dünsten. Pilze hinzufügen und so lange garen, bis die Flüssigkeit der Pilze fast eingesogen ist. Nun mit Armagnac parfümieren und mit Salz und Pfeffer abschmecken.

3 Blätterteig ausrollen und eine mit Wasser benetzte Tortenform bis zum Rand auslegen. In den vorgeheizten Ofen schieben und bei 200 Grad ca. 15 Minuten vorbacken.

4 Währenddessen die Käsemasse vorbereiten: Roquefort mit Eigelb, Sahne, gehackten Nüssen und Walnusshälften vermischen.

5 Champignons auf dem vorgebackenen Blätterteig verteilen und die Käsemasse darauf verstreichen. Den Kuchen in den Ofen schieben und bei 220 Grad überbacken.

EW	F	KH	kcal/kJ
7 g	23 g	16 g	301/1264

Feldsalat mit Steinpilzen

Zutaten
150 g Feldsalat
100 g Ziegenkäse
3 Steinpilze
4 EL Rapsöl
1 EL Sonnenblumenkerne
1 Ei, verquirlt
2 EL Paniermehl
1 EL Sonnenblumenöl
1 EL milder Weißweinessig
1 TL Walnussöl
1 EL Koriander, fein gehackt
1 Msp. Kreuzkümmel, gemahlen
Salz
Pfeffer

Zubereitung

1 Feldsalat verlesen, waschen und abtropfen lassen. Ziegenkäse in 2 cm große Würfel schneiden. Steinpilze säubern und der Länge nach in etwa 1 cm dicke Scheiben schneiden.

2 In einer Pfanne 2 EL Rapsöl erhitzen und die Pilze bei mittlerer Hitze auf jeder Seite 2 Minuten braten. In der noch heißen Pfanne die Sonnenblumenkerne anrösten. In einer zweiten Pfanne den in Ei und Paniermehl gewendeten Ziegenkäse in dem Sonnenblumenöl goldbraun braten.

3 Aus Weißweinessig, Walnussöl, restlichem Rapsöl und Gewürzen ein Dressing anrühren.

4 Feldsalat mit dem Dressing vermischen und auf Teller verteilen. Gebratene Pilze und Ziegenkäse darauf geben, mit den Sonnenblumenkernen bestreuen.

EW	F	KH	kcal/kJ
28 g	40 g	12 g	591/2482

Register

Bild- und Textquellen

Titelbild: StockFood

Inhalt: 5 am Tag e.V.: 5, 6, 10; Almond Board of California: 15, 27, 42, 47, 57, 91; alpro soja: 23, 38, 39, 66, 81; Biskin: 19, 24, 53, 79; Brauner/Mosaik-Verlag: 55, 65; California Walnut Commission: 75, 77, 82; CMA Butterschmalz: 41, 64, 69; CMA Deutsche Butter: 13, 16, 17, 18, 26, 31, 61, 63, 87, 92, 93; CMA Deutsche Kartoffel: 70; CMA Deutscher Käse: 11 unten; CMA Deutsches Frisch-Ei: 20; CMA-Milch: 11 Mitte; Di Gennaro: 24 oben, 74, 76 oben; DigiTouch GmbH: 11 oben, 15 rechts, 16 links, 17 unten, 19 unten, 21 unten, 22 unten, 25 rechts, 26 unten, 37 unten, 40 links, 44, 55 oben, 56 unten, 60, 63 unten, 69 rechts, 78 links, 79 oben, 80 oben, 81, 82 links; Galbani: 73; Hak: 33; Kikkoman Trading Europe GmbH: 36, 80; Köllnflocken: 32, 52, 54, 59, 90; Landesvereinigung der Bayerischen Milchwirtschaft: 40, 68, 78, 83, 88, 89; Livio: 45; Maggi Kochstudio: 58; Meggle: 34; Newedel/Mosaik-Verlag: 22, 29, 37; Oryza/Reisfit: 49; PhotoDisc: 9; Sopexa: 52 oben; StockFood: 12, 25, 30, 43, 50, 51, 67, 71, 76, 85, 91 unten; The Food Professionals Köhnen GmbH: 21, 35, 48, 56